साहित्य अकादमी के फ़ेलो शेषेन्द्र का काव्य-संग्रह

नीलम के पंख

शेषेन्द्र

संपादन

स्वाधीन

सदाशिव शर्मा

अनुवाद

अख़्तर हसन

ग़यास सिद्दिक़ी

वाणी प्रकाशन

नयी दिल्ली-110002

फ़ोन : 3273167, 3275710 • फ़ैक्स : 3275710

e-mail : vani_prakashan@yahoo.com

vani_prakashan@mantraonline.com

ISBN : 978-81-7055-920-7

वाणी प्रकाशन
21-ए, दरियागंज, नयी दिल्ली-110002
द्वारा प्रकाशित

संस्करण : 2002

मूल्य : 95.00

नागरी प्रिंटर्स, दिल्ली-110032
में मुद्रित

NEELAM KE PANKH (Poetry)
by Sheshendra

प्रिय पत्नी
इन्दिरा देवी धनराजगीर
को
प्रेमोपहार

अनुक्रम

दो शब्द

नीलम के पंख हिंदी के आकाश में...।

नीलम के पंख आधुनिक तेलुगु के युग प्रवर्तक महाकवि शेषेन्द्र शर्मा की चुनिंदा कविताओं का संग्रह है। तेलुगु से कवि की साक्षात उपस्थिति में उसके सहयोग से इस का अनुवाद उर्दू के प्रख्यात शायर एवं बिल्ट्ज उर्दू के तत्कालीन संपादक **अख़्तर हसन** ने किया है। एक ज़हनी सफ़र जो शायर की अपनी ज़िंदगी में उसके नज़रिए से अधिक उस की शख़्सीयत से जुड़ा रहा, उसकी समय-समय पर लिखी इन कविताओं में देखने को मिलता है।

ये कविताएँ अपने देश-काल और इतिहास से अपना गहरा संबंध रखती हैं, इसमें इतिहास की करवटों के साथ परिवर्तन की वे लहरें भी हैं जो दुनिया के जन-समुद्र से ही उठीं किंतु अपने आसपास को वे उद्वेलित करती हैं, ऐसी कविताओं का किसी भी भाषा में मिलना इसलिए सदा असंभव सा रहा है कि ये कविताएँ तभी जन्म ले सकती हैं, जब शायर का ज़हनी सफ़र उस की दुनिया में तारीख़ी वजहों के साथ भी जुड़ा रहे। शेषेन्द्र शर्मा ने बाँग्लादेश के प्रवर्तक शेख़ मुजीबुर्रहमान पर नज़्म लिखी तो पेरिस में वीनस डिमेलो की मूर्ति ने भी उन्हें प्रभावित किया है। रहा सवाल, इसे उर्दू अनुवाद के लिप्यन्तरण रूप से देवनागरी में प्रस्तुत करने का, तो यह सत्य हमारे सामने है कि यह शताब्दी अनुवाद की है, भाषात्तर होना ही संप्रेषण का विस्तार है, यह विस्तार यदि काव्यात्मक हो तो पाठक के लिए अपनी पठनीय लिपि में वह स्वयं सहज हो जाता है। शायद इसका यह भी एक कारण है कि तेलुगु की इन कविताओं का सरल उर्दू में जितना बेहतर अनुवाद हुआ है, हिंदी में अगर वह लिप्यन्तरित रूप की जगह मूल अनुवाद रूप में प्रस्तुत किया जाये तो उतना ख़ूबसूरत न बन पड़े। आजकल उर्दू लिप्यांतरण रूप में शायरी को पढ़ना, पढ़कर उस की आत्मा तक पहुँचना हिंदी पाठकों का सहज मिज़ाज भी बनता जा रहा है, ऐसे पाठकों के लिए यह काव्य संग्रह उपयोगी

सिद्ध होगा।

जहाँ तक शेषेन्द्र शर्मा का संबंध है, वे स्वयं मानते हैं कि मैंने किसी भाषा में भी जन्म नहीं लिया, भाषाएँ मानव को बंधक बनाती हैं, मेरी मातृ भाषा तो सिर्फ़ कविता है। इसलिए स्वयं उन्होंने ही इसकी भूमिका लिखी है।

इस पुस्तक की रूपरेखा तब विचार रूप से अमल में आई, जब शेषेन्द्र जी को गत वर्ष केन्द्रीय साहित्य अकादमी का 'फ़ैलो' बनाया जा रहा था, उन्हें यह ऐज़ाज़ देने साहित्य अकादमी के उपाध्यक्ष प्रो. गोपी चंद नारंग हैदराबाद आए हुए थे, अतः बातों के दरमियान इस की नज़्मों ने अपना रंग जमाया। वैसे शेषेन्द्र शर्मा की इन नज़्मों से फ़ैज़ अहमद फ़ैज, कैफ़ी आज़मी, जाँ निसार अख़्तर और रामधारी सिंह दिनकर मुतासिर रहे हैं। दिनकर जी ने एक मुशायरे में शेषेन्द्र से इसकी नज़्मों को सुनकर अपनी प्रकाशित डायरी में इस बात पर बल दिया है कि तेलुगु की इस काव्य-दौलत को हिंदी में भी आना चाहिए।

आज वह सपना पूरा हो रहा है। इसे पूरा करने में वाणी प्रकाशन के प्रमुख श्री अरुण माहेश्वरी के हम आभारी हैं। संग्रह के संचयन और संपादन में उस्मानिया विश्वविद्यालय की प्रो. दुर्गेशनंदिनी ने हमें सहयोग दिया है। प्रस्तुत संग्रह 'नीलम के पंख' उर्दू के आकाश से निकल कर अब हिंदी के आकाश में भी लहराते हुए दिखाई दे रहे हैं।

स्वाधीन

सदाशिव शर्मा

मैं और मेरा मयूर

उस मकान में एक फुलवाड़ी–उस फुलवाड़ी में एक मोर–उस मोर में एक–नहीं नहीं, मेरे दिल में मकान–उस मकान में एक फुलवाड़ी–उस फुलवाड़ी में एक मोर–उस मोर में कोई एक...ख़ैर, बाद में बताऊँगा–वह मोर, मैं जहाँ भी रहूँ, वहीं आ जाता है। अगर मैं लिखते हुए या पढ़ते हुए उसका ख़याल न करूँ तो वह अपनी चोंच से धीरे से मारता है; मैं सिर उठा कर देखूँ तो वह भी सिर उठाकर मेरी आँखों में देखता रहता है। कुछ खाने के लिए कोक्कोको कहते हुए हठ करता है, जैसे कोई बालक अपनी माँ से लाड़ करता है। जवार या चावल के दाने नीचे ज़मीन पर डालें तो वह उन्हें चुगता नहीं, पीछे-पीछे चला जाता है। हाथ से खिलाएँ तो बड़ी ख़ुशी से खा लेता है। पेट भरने के बाद, वो मेरे पास से नहीं टलता, वहीं टहलता रहता है। बार-बार कोक्कोको करता हुआ अपने अस्तित्व का पता देता रहता है।

मेरे थक कर घर आते ही, वह रंगीन पर्व कहीं से मेरे पास आ जाता है, जैसे मेघ-कानन में इन्द्र-धनुष आया हो। बेचारा बोल नहीं पाता, अपने भावों को व्यक्त नहीं कर सकता। एक सागर गरजता रहता है, बाँध तोड़ कर बाहर उमड़ पड़ने के लिए, असफल हो व्याकुल हो जाता है। पता नहीं, यह प्राणी भीतर ही भीतर कितना व्यथित हो रहा होगा, सिरजन हारे की कितनी निन्दा कर रहा होगा अपनी लाचारी के लिए।

एक दिन मैं मर गया। मेरे कमरे में सभी रो रहे थे। वह देखो, मोर धीरे से सहमता हुआ आ रहा है। मानवों के झुंड से भरे हुए उस कमरे में चारों तरफ़ देखते हुए प्राणों को हथेली पर रखे आ रहा है। कितना ही प्राणभय क्यों न हो, कोई बरबस उसे खींचे ला रहा है, वह मेरे पास आ रहा है। उसे क्या खींचे ला रहा है, मुझे मालूम है बहुत से लोगों को मालूम है। (बहुत से लोगों को मालूम

नहीं है यही इस दुनिया की बदक़िस्मती है।) मृत्युभय भी उसे रोक नहीं पाया। मैं मर गया हूँ, पर इस तमाशे को देख ही रहा हूँ। कई लोग मेरी देह को घेरे-लपेटे रो रहे हैं।

अकस्मात गयू-द-मोपासा की कहानी 'प्रेम' मेरे मन में बिजली के समान कौंद गयी। उस कहानी में एक शिकारी पक्षियों के जोड़े में से मादा पक्षी को बन्दूक़ से मार गिराता है। वह ज़मीन पर गिर जाता है। वह अपने मित्र से कहता है : "देखो बन्दूक़ को निशाना बाँधे देख कर भी दूसरा पक्षी अवश्य ही बन्दूक़ का निशाना बन जाएगा।" (ऐसे पक्षियों में एक को मार गिराने का मतलब दोनों को मार गिराने के समान है।) उसके वचनों के अनुसार ही, आकाश में मँडराता हुआ, ज़मीन पर ख़ून से लथपथ पड़ी हुई मादा के पास नर पक्षी आ ही जाता है। भय को भूल कर वह बन्दूक़ के दायरे में आ गया। वह तो शिकारी था ही, आते ही शिकारी ने बन्दूक़ दाग़ दी। नर पक्षी आकाश से टूट गिरा, मादा पक्षी के पास ही।

झट से मुझे सुनाई पड़ा, कठोरता से शाप देने वाला एक पुराना स्वर। मुझे मालूम है, वह वाल्मीकि का है। वह स्वर मोपासा के शिकारी को कोस रहा है। वाल्मीकि निक्कर और बूट पहने हुए हैं। सिर पर सन-हैट है। मुख पर गहरी पीड़ा की रेखाएँ छायी हुई हैं। पास में मित्र के हाथ की बन्दूक़ धुआँ उगल रही है। मैं अपनी मृत्यु की बात भूल कर भौंचक्का रह गया। उसी स्वर ने पहले एक शिकारी को कोसा था। वह अब किसी दूसरे को गाली दे रहा है। सभी कालों के, सभी शिकारियों को, यह स्वर ऐसे ही कोसता होगा ? मानवता पर घाव करने वालों, द्वेष और स्वार्थ को रक्त के अक्षरों में लिखने वालों तथा ज़माने की राहों पर छापा मारने वाले बटमारों और डाकुओं से मानवता की रक्षा करने के लिए आठों याम पहरा देने वाली पुलिस है, क्या यह स्वर ? विश्व में महनीयता शब्द का रूप धारण करती है। वह शब्द शाश्वत रूप से समस्त संसार में गूँजता रहता है, एक युग से दूसरे युग तक, एक देश से दूसरे देश तक, एक भाषा से दूसरी भाषा तक, अनंत रूप से और निरंतर ही गूँजता रहता है।

21 वीं शताब्दी के एक दिन शाम को मैं और अल्वर्ट कामू किसी पार्क के स्वीमिंग पुल में तैर रहे थे। उस रक्त से सने हुए हम दोनों एक ही बार उदित दो अरुण बिंबों के समान थे। मैंने कहा कामू ! तुमने कहा था, हिंसा-द्वेष से किसी महाकाव्य का अविर्भाव नहीं होता। फिर यह रक्त का सागर क्या है जिसमें हम तैर रहे हैं ? मानव पर प्रेम के कारण ही तो यह रक्त प्रवाहित हुआ ? यदि यह रक्त प्रवाहित न होता तो वे छोटे बालक इस प्रकार से उन फूलों में खेलते

न होते, उदय और अस्त सभी के लिए इस प्रकार की रंगीनियाँ नही बिखेरते। कामू के जवाब देने से पहले ही किनारे पर की कुसुमलता के पास बैठे काफ़्क ने कहा, "यह रक्त प्रवाह तो आवश्यक हैं। उसमें तो कुछ नौकाओं में बैठे कीर्ति शिखर की ओर यात्रा कर रहे हैं। उनका लक्ष्य तो कीर्ति शिखर ही है किंतु यह रक्त किनका है, किनके लिए प्रवाहित हुआ है, उनका कल्याण तो नहीं है। वे अपने रक्त की एक बूँद भी नहीं देते। कहते हैं पराये लोगों का रक्त प्रवाहित हो तो गीत लिखेंगे।"

भवभूति के साथ प्लेटो किसी चित्र को निहार रहे थे। भवभूति ने कहा, "यह हनुमान का चित्र है जो थाईलैंड में बना है।" प्लेटो ने कहा, "यह तो कालसमुद्र को पार कर आने वाला मानवता का संदेश है।" इतने में काफ़्का ने बातें सुन कर कहा, "फ्रांज़, इन नौका यात्राओं में समुद्री डाकू तो सदा रहते ही हैं। हमारे गुरुजी को इन्होंने ही हलाहल पिलाया है। उनके मरने के बाद, उनके धर्म के ये ही लोग गुरु बन बैठे। चित्त-शुद्धि से रहित लोग किस ज़माने में नहीं हैं ? ऐसे लोगों में से ही एक व्यक्ति ने पिछले वर्ष सिस्टीन चापेल की सियेता मातृभूमि की नाक और हाथ काट डाले हैं। हलाहल पीने से पहले हमारे गुरु ने जो बातें कही थीं, वे आज भी मेरे कानों में गूँज रही हैं :

'हे न्यायाधिकारियो ! आप प्रसन्न रहिए।...मुझे स्पष्ट मालूम हो रहा है कि मेरे जाने का समय निकट आ गया है। अब तो मेरा मर जाना ही अच्छा है। इस पीड़ा से विमुक्त हो जाऊँगा।...मुझ पर जिन लोगों ने आरोप लगाये हैं, या मुझे जिन लोगों ने दंड दिया है, उन पर मुझे लेशमात्र भी क्रोध नहीं है। बेचारे, उन्होंने मेरे प्रति कोई उपकार नहीं किया है, शायद उपकार करने की भावना भी नहीं रही है, उसके लिए उन्हें फटकार सुनाऊँगा तो सही पर कोमल भाव से।

"किंतु उनसे एक प्रार्थना कर रहा हूँ कि वे मेरा एक उपकार करें। जब मेरे पुत्र बड़े होंगे, उन्हें भी इसी प्रकार दंडित करें। जैसे मैंने आप लोगों को सताया था, उसी प्रकार उन्हें भी सताइए। वे संस्कार की अपेक्षा सम्पत्ति को अधिक महत्त्व दें, या कुछ न हो कर भी बहुत कुछ होने का ढोंग रचाएँ तो उनकी आलोचना कीजिए, जैसे आज मैं आपकी आलोचना कर रहा हूँ। उनके अस्तव्यस्त मूल्यों के मिथ्या स्वरूप का खंडन कीजिए। अगर सचमुच आप यह काम करें तो मुझे और मेरे बच्चों को न्याय की भिक्षा प्रदान करेंगे।" हमारे गुरु ने जो पिया था, वह हलाहल नहीं, चित्त-शुद्धि की कसौटी थी।"

एकाग्रता के साथ इन बातों को सुनने वाले इक़बाल ने कहा :

'समय से पहले जन्म ले कर...समय की वेदी पर बलि हो गया,
कि ख़ूने सद हज़ार अंजुम से
होती है सहर पैदा

500 वर्षों के बाद वे ही ईसा के नाम से पैदा हुए। ईसा के रूप में जन्म लेने के 100 वर्ष पहले ही महाकवि वर्जिल के मन में बिजली की मानिंद चमक गया। उस महाकवि ने अपने (4) इकोलोग्स में कहा है, "उस दिव्य ज्ञान-गीत में चरम अंक अब आएगा : महा शकों की परंपरा फिर से भुवलोक में अवतरित होगी। हे निर्मल देवता ! लूसीना ! इस नवजात शिशु पर अपनी करुणामय मुस्कान छिड़क दे। इस शिशु के समय में लौह जाति (बर्बरता) का नाश होगा, सुवर्ण जाति का उदय होगा। वह समस्त संसार में व्याप्त होगी।" इसीलिए उन्हें ईसा से पहले ही जन्म लेने वाला ईसाई कहते हैं।

एक दिन टेलीविज़न में मेकडयार्मिड का मुख—वह अपना 'थर्ड हिम टु लेलिन' गा रहा था।

"मैकेल राबर्टस, अन्य अनेक देवदूत, ओडेन, स्पेंडर,...इनमें किसी में भी कार्लायल में जितना साहस है, जितनी नीति है, उसका दसवाँ भी नहीं है। उन प्रवंचकों जैसा न होकर, मैं श्रमिक वर्ग का हूँ। मैं उनमें से नहीं हूँ जो यह डींग हाँकते हैं कि हम श्रमिक वर्ग की प्रगति के लिए श्रम कर रहे हैं। मैं स्वयं श्रमिक ही हूँ...।"

मैंने कहा, "बहुत ठीक कहा है भाई ! बहुत ठीक कहा है । एक छोटे से प्रसंग का उल्लेख करूँगा। 'हाल में 21 वीं शती की फ्रेंच कविता' नामक मेरी एक पुस्तक पुस्तकों की अल्मारी से ग़ायब हो गयी। चिन्तित हो रहा था कि कोई चोर-चुडैल बिना बोले उठा ले गया। किंतु एक दिन वह पुस्तक दिखाई पड़ी, एक आधुनिक (कु) कवि की वचन कविता में।"

"कौन है वह ? आपका तेलुगु भाषी ही है ?" बेचारे मेकडयार्मिड ने पूछा।

रात का एक सपना पड़ा, टेक्निकलर। अंतरंग के मल्टीडैमेन्शन पर्दे पर दृश्य। ज़्याँ कोक्तो और मैं बैठे-बैठे अफ़ीम पी रहे थे। कोक्तो ने कहा, "वृक्ष जाति के पदार्थों में एक अफ़ीम ही ऐसी वस्तु है जो हमें वृक्षस्थिति को प्राप्त कराती है। उसके कारण ही हमें वृक्ष समूह में स्थित अव्यक्त वेग का परिचय प्राप्त होता है। वृक्ष तो साधारणतया निश्चल ही लगते हैं। किंतु उनमें जो वेग है, उसका हमारी असमर्थ इन्द्रियाँ अनुमान भी नहीं लगा सकती हैं।" पास ही बैठे पिकासो ने कहा, "अफ़ीम में जो गन्ध है, वह अन्य पदार्थों में कम है उस गन्ध की तुलना सकंस की गन्ध से या बंदरगाह की गन्ध से कर सकते हैं।"

कोक्तो ने कहा, "कह नहीं सकते कि वह गन्ध कितना इन्द्रजाल फैलाती है। चारों दिशाओं से मक्खियाँ आ कर घेर लेती हैं। उनके मन में स्वप्न छा जाते हैं। छिपकलियाँ दीवारों से सट कर मूर्च्छित हो जाती हैं। रात्रि की प्रतीक्षा करती रहती हैं।"

मैंने कहा, "अफ़ीम को तो आप हमारे महाखंड से ले गये थे किंतु उसका मर्म जितना आपको मालूम है उतना हमें नहीं।" कोक्तो ने कहा "युवा एशिया अब अफ़ीम का इस्तेमाल नहीं करता। क्योंकि उसके दादा ने इस्तेमाल नहीं किया था। बदक़िस्मती की बात यह है कि युवा एशिया, युवा यूरोप का अनुकरण कर रहा है। इसलिए अफ़ीम हमारे द्वारा ही अपने जन्मस्थान पहुँचेगी।"

इस प्रकार बातचीत चल रही थी और मेरा मन कर्पूर पराग के समान हवा में लीन हो रहा था, पूछा, 'ऐसा क्यों हो रहा है।'

कोक्तो ने कहा, "जाँच का प्रयत्न मत करो। उसकी मृदुलांगुलियों के उपलालन के वशीभूत हो जाओ। एक बार कवि जाग गया तो वह केवल मूर्ख हो जाता है। अर्थात् मेधावी बन जाता है। मूर्च्छित हो होश में आने वाली औरत के समान पूछने लग जाता है कि मैं कहाँ हूँ। जागे हुए कवि की रचनाएँ पढ़ना व्यर्थ है।"

मैंने कहा, "फिर सपनों में ऊभचूभ रहने वाले कवि की रचनाएँ किसकी समझ में आएँगी ?"

"राजनीतिवादी को छोड़कर, अन्य कवियों को अपनी भाषा को समझने वाले पाठकों की संख्या पर आधारित रहना चाहिए। अपनी भाषा के स्वर को पहचान सकने वाले, अपनी भाषा की अन्तरात्मा को पकड़ सकने वाले ही अपने पाठक हैं। अधिक संख्या में पाठकों को चाहना कवि का लक्षण नहीं है।"

इलियट ने उनका साथ दिया, "मैं तुम्हारे साथ सहमत हूँ। राजनीति से संबंध कविता को तत्काल प्रसिद्ध बनाएगा। लेकिन कल भी (आगे भी) वह कविता पढ़ी जाए तो उसका मतलब यह नहीं कि उसका संबंध राजनीति से है। सचमुच कविता हो तो बिना उस संबंध के भी पढ़ी जाती है। क्योंकि राजनीति नामक पदार्थ भी मानवीकृत होकर, कविता के रूप में परिवर्तित न किया जाए तो वह पढ़ कर भूल जाने योग्य ही सिद्ध होगा।"

"ठीक है इलियट, तुम ईडियट हुए बिना कविता नहीं कर सकते। अफ़ीम का सेवन करने के बाद तुम आपे में नहीं रहते हो। अपने बाहुओं में अपने सिर को छिपा लो। कंधे से कान को जोड़ दो। अब देखो, भूकंप, विप्लव, कारख़ानों का जल उठना, सेनाओं में भगदड़ मच जाना, महाप्रवाहों का कूद पड़ना—आदि-आदि

कई चित्रों को तुम्हारे शरीरान्तर्गत प्रदेशों में, नक्षत्रों से भरपूर रात्रियों में, तुम्हारा कान देख सकेगा।''

तब तक मुझमें काल और दूरी की सीमाएँ विलीन हो गयी थीं। शब्द और समुदाय अपने-अपने संगीत के साथ उमड़ पड़ रहे थे। उन अव्यक्त मानसिक समुद्र-तरंगों में अपनी 'मच्चू-पिच्चू' शीर्षक कविता को लेकर पाब्लो नेरूडा उदित हुआ। चिल्लाया ''उठ जाग मेरे जन्म के साथ एक बार फिर जाग।'' और एक बार तरंगों को पैरों से रौंदते हुए उसने आक्रोश किया, ''तुमने यहाँ जिस ग़ुलाम को दफ़नाया था, उसे दे दो मुझे। दलित प्राणियों की रोटी को इस ज़मीन से खींच लेने दो मुझे।''

अफ़ीम का धुआँ कमरे में चारों तरफ़ फैल गया। दीवारों पर की छिपकलियाँ, मक्खियाँ, मच्छर सपनों की लहरों में तैरते जा रहे थे। हल्के पीले रंग के सपने छा रहे थे। और वर्ण जातियों के कंठ स्वर सुनाई पड़ रहे थे। इषिकाबाटाकुबोकु अपने गंभीर जापानी कंठ से यों गा रहा था : ''मैं दुःखी हूँ, कमज़ोर हूँ। किंतु मेरे हाथ में एक अद्वितीय भयंकर खड्ग है। अगर मैं युद्ध न करूँ तो उसे सहन नहीं कर पाऊँगा। परंतु मैं जीत नहीं पा रहा हूँ। अर्थात् अब मरण ही मेरी शरण है। किंतु मुझे मौत से बड़ी घिन है। मैं मरना नहीं चाहता। फिर जीवित कैसे रहूँ ?''

जो प्रेम मानवता का रूपान्तर है, चित्तशुद्धि, नीति और साहस का दूसरा नाम है, जो प्रेम दो परस्पर अनजान व्यक्तियों को, विलीन कर, सृष्टि की अनंतता का अविष्कार करता है, जो प्रेम सर्वमानव जाति को एक ही प्रकार के इतिहास के साँचे में ढाल कर मानवताहिरण्य बना देता है, जिस प्रेम के कारण मानव साथी मानव की पीड़ा से द्रवीभूत होता है, जिस प्रेम के कारण मानव अन्याय-अत्याचार का सामना करता है, जिस प्रेम के कारण मानव न्याय का निरोध करने वाली शक्तियों को अपने पवित्र कर्कश परशु का शिकार बना देता है, घायल मानवता को रक्त से तपण छोड़ता है, युग-युगों के दंड के परिणाम स्वरूप प्राप्त कर, रक्त-कणों में निक्षिप्त उस सम्पत्ति को ठुकरा देने वाले लोग ही आज कवि बने हुए हैं। उसे (प्रेम को) सेंटिमेंट कह कर घृणा प्रदर्शित करने वाले आज कविता के नियामक बने हुए हैं। ऐसे आज के दिनों में जब कि मानव के रक्त और स्वेद को मुकुट बनाकर मस्तकों पर अलंकृत कर रहे हैं, छल, चौर्य, द्वेष, ईर्ष्या, अज्ञान आदि कविता के नाम से हैजे की तरह फैल रहे हैं, कविता का नाम ले कर व्यापार करने वाले बेवक़ूफ़ों को जब सम्मानित किया जा रहा हो, उन सम्मान-सत्कारों की तैयारी करने वाले पंडितों और उस व्यापार के फलते-फूलते

हुए आज के निगोड़े समय में–

आकाश को चूमने वाले शिखर, विमल पवन की विहार भूमियाँ बने आकाश, फूलों की भाषाओं में बोलने वाले पवन, किरातों पर ज्वलित रंगों को थूक देने वाले फूल मानवता से आँख-मिचौली खेलने वाले रंग, कान्ति और कमनीयता को हर एक मानव में बराबर बाँट देने के लिए आक्रोश करने वाली मानवता–ये सब जिसके मन में ज्योतस्ना-पर्व रच रहे हों, उसका मर जाना ही अच्छा है। मर जाएँ तो इन नीचों के तमाशों को देखते रह सकते हैं। मुझे और क्या चाहिए। मेरी कविता को फूल और पक्षी गा रहे हैं, पवन और आकाश दूरतीरों को ढो ले जा रहे हैं, पर्वत और अरण्य उन गीतों से गूँज रहे हैं, नदी और समुद्र उद्‌घोष कर रहे हैं, संध्याएँ प्रतिबिम्बित कर रही हैं, ध्वनि और जन जीवनाड़ियों में सम्मिलित हो रहे हैं। इसलिए अब तो काग़ज़ और क़लम को छोड़ दे रहा हूँ।

जो मर गया हो, उसे वे सभी चीज़ें दिखाई पड़ती हैं जो जीवित व्यक्ति को दिखाई नहीं पड़तीं। शब्द दिखाई पड़ते हैं, शतियाँ दिखाई पड़ती हैं, सुनाई पड़ने वाले संगीत दिखाई पड़ते हैं। दिखाई पड़ने वाले रंग सुनाई पड़ते हैं। यदि आँखों का काम कान, कानों का काम आँखें, पैरों का काम हाथ, हाथों का काम पैर, इस प्रकार शरीर के अंग एक दूसरे का काम करें तभी जीवन में मृत्यु के सार को पहचान सकते हैं। जीवन के पार को मृत्यु में भलीभाँति पहचान सकते हैं। अब मैं जिस स्पृहणीय दशा का अनुभव कर रहा हूँ, वह यही है।

ज्याँ कोक्तो इसी दशा को अफ़ीम के सेवन से प्राप्त कर लेना चाहता है। वह कहता है : 'पाँच घूँट ले लें तो बस है, मन का भाव उलट-पुलट हो जाता है। एक काले तैराक के समान ह्रस्वरूप को धारण कर चीनियों की स्याही के समान उत्कृष्ट वाँछाओं को छेड़ते हुए देह सरोवर के जल में धीरे-धीरे व्याप्त हो जाता है।" "अफ़ीम अमूर्त वस्तुओं को मूर्त बनाता है। कल्पना को पदार्थ में रूपान्तरित कर परिणाम को सिद्ध करता है। मन को भी जो दिखाई नहीं पड़ते हैं, दृश्यमान करता है। हमें भूतों का रूप दे कर अदृश्य हो घूमने वाले भूतों को भी डराता है। उस अफ़ीम का सेवन करने के बाद दिमाग़ नहीं, देह सोचने लग जाती है। देह सपने देखने लगती है। वह मृदुल हो जाती है शक्ल हो जाती है, उड़ने लग जाती है। उड़-उड़ कर अपने आप को आकाश से पक्षी के समान देख लेती है।"

अप्रैल का महीना आया। बग़ीचे में वन-ज्वाला (Forest Flame) अंगारे उगल रही थी। तभी आये श्रीश्री का पत्र पढ़ रहा था। नौकर ने कॉफ़ी दी। एक घूँट पी कर मैंने पूछा, "क्या पाउडर मिल्क डाला है ?"

"जी हाँ, दस बजने से पहले हैदराबाद में भैंस जागती ही नहीं।" मुस्कुराते हुए उसने जवाब दिया।

रेम्बो ने हँसते हुए पूछा : "श्रीश्री ने क्या लिखा है ?"

एक पक्ति पढ़ कर सुनाई। "आपकी कविता में लगता है कि आप पारसमणि को खोजने वाले अन्वेषी हैं....।"

"आपके श्रीश्री को आल्केमी आती है क्या ?" रेम्बो ने पूछा।

"पता नहीं...।"

"मैंने बेल्जियम, स्कांडिनेविया, इटली, साइप्रस, अबसीनिया आदि कई देश छान मारे हैं आल्केमी...उसी स्वर्णविद्या के लिए।"

"अच्छा, शायद इसीलिए वेमन्ना के पद्यों के कुछ शब्दों के समान आपकी कविता के कुछ शब्द और भाव समझ में नहीं आते।"

"किस पद्य के बारे में कह रहे हैं ?..." 'एनफ़ान्स' ही आपके मन में है ?" उन्होंने पूछा।

"जी हाँ, और सॉनेट-द-वोयल्स में भी ऐसे कुछ शब्द और भाव हैं जो समझ में नहीं आते।"

"वह तंत्रों से सबंद्ध है। प्रत्येक रंग का अपना एक शब्द है। प्रत्येक शब्द का अपना एक विशिष्ट रंग होता है।"

"सच ?"

हाँ, मुझे तो ऐसा ही दीखता है और सुनाई पड़ता है।" रेम्बो ने गंभीरता से कहा।

कॉफ़ी पीते-पीते मैं एकदम अप्रतिभ हो गया। एक मिनट भर चुप रह कर, पूछा "वेमन्न से भेंट करें ?"

"वह तो सचमुच मेरी मन-पसन्द बात है, उनका आश्रम है कहाँ ?"

"क्या बताऊँ, कहाँ हैं ? वह एक विचित्र मन है। सभी वृक्ष और अरण्य, सभी गाँव उनके आश्रम ही हैं।"

"फिर किस ओर चलें हम ?"

बस, ऐसे चलते जाएँ। अगर आप तैयार हैं, तो इस साहस यात्रा के लिए निकल पड़ें।

यात्रा पर निकलने के लिए दोनों सहमत हुए, कॉफ़ी पी ली और विशाल विश्व में प्रविष्ट हुए। गाँव, जंगल, खेत, नदी, नगर पार करते हुए चले, चलते ही गये। अंत में एक गाँव में, एक सड़क पर, एक पेड़ के नीचे, एक पैर फैला कर, एक पैर समेट कर, उस समेटे हुए पैर पर ठुड्डी टेक कर, नज़रें ज़मीन पर

गाड़ कर बैठा हुआ एक आदमी, दूर से ही दिखाई पड़ा। रेम्बो को बताया कि ये ही वेमन्ना हैं। उनके पास गये। उनके शरीर पर लंगोट के सिवा कुछ नहीं था। वे बस वैसे ही बैठे हुए थे। न हिले, न डुले। हमारी तरफ़ देखा भी नहीं। उनके मुँह पर एक मुस्कान पल भर के चमक गयी। झाड़ की डंडी से ज़मीन पर लिखते बैठे रहे। कोई जवाब नहीं दिया। तिनका फेंक दिया और जो लिखा था, उस पर से हाथ हटा दिया। ज़मीन पर जो लिखा गया था उसे हमने पढ़ा : "हिरण्यवर्णा हरिणीं सुवर्ण रजतस्त्रजाम्"। रेम्बो आश्चर्य चकित रह गया। "हम जो पूछना चाहते थे, उसे आप पहले ही कैसे समझ गये ?"

"तुम्हारी कल्पना भूत, भविष्य वर्तमान में अवस्थित है। यह सोचना कि मैंने अभी कल्पना की है, ग़लत है। कल्पना अमूर्त है। अमूर्त वस्तु भी कुछ लोगों को दिखाई पड़ती है।" बिना सोचे समझे मैं ये बातें कह गया। ऐसा लगा मानों कोई मेरे शरीर का उपयोग कर रहा हो, मेरी ज़बान से बोल रहा हो।

हम पीछे लौट कर आ गये। "मुझे जो चाहिए, वह सुवर्ण नहीं है। उससे भी अधिक शक्ति, फूलों की भाषाएँ, नक्षत्रों के गीत सुनने की शक्ति, चाहिए। सन्ध्याकाल से साथ बातें करनी चाहिएँ। नीलगगन के तले खौलते हुए समुद्र में दिल की गहराइयों को देख सकना चाहिए। शताब्दियों के हृदय को चीर, पार जाने वाले मानवता वेग को, त्रिकालों में देखना चाहिए। शब्द देखने चाहिएँ, रंगों को सुनना चाहिए। देशकाल से अतीत अनंत को भ्रूमध्य रेखा में धारण करना चाहिए।" मैंने कहा।

"हाँ, ठीक कहा। मैं भी उसी को खोज रहा हूँ। फिर से चलें...अब वह कहाँ रहेगा...मिलेगा कि नहीं।"

सूर्य का उदय हुआ। काल और दूर के जाल बुन कर जगजन पर फेंक रहा है। फिर से वही फुलवाड़ी–वनज्वाला–कॉफ़ी–रेम्बो–आज शेषेन अंतर्मुखी है। चितवनें तो वनज्वाला के खिले फूलों पर दौड़ लगा रही हैं। "यह कैसी चुप्पी है ?" रेम्बो ने पूछा। बस, शेषेन किसी यूनान आरेकिल के समान बोलने लगा, "जो कवि है, उसे दृष्टा होना ही चाहिए। कैसे होगा ? सब तरह के पाप करने चाहिएँ, सब प्रकार के विष पीने चाहिएँ, इन्द्रियों को अस्त-व्यस्त करना चाहिए। अपने प्रति इतनी हिंसा करने के लिए कितना आत्म-बल चाहिए ? तब वह भयंकर अपराधी बनेगा, किरात होगा, ऋषि होगा। क्यों ? वह अव्यक्त को प्राप्त हुआ है। साधारण मानव जब सुखाभिलाषी होकर जहाँ के तहाँ रह जाते हैं, यह पीड़ारूपी अग्नियों में कूद कर, तप्त कुंदन बन बाहर आया है। मुझे सुवर्ण की प्राप्ति संतुष्ट नहीं करती, मुझे स्वयं सुवर्ण बन जाना चाहिए।" (रेम्बो मुझ पर आविष्ट हो गया।)

वनज्वाला की लता से एक फूल गिर पड़ा। उसमें से राजा भोज उतर आए। हमने उनका अभ्युत्थान किया और आसन पर बिठाया। उन्होंने कहा, फूल पर बैठा जा रहा था, आपकी बातचीत सुन कर यहाँ आया। सुना वाल्मीकि ने प्रारम्भ में अनेक पाप किये, कष्ट उठाए, किरात हुआ। अव्यक्त को व्यक्त कर लिया। अपने अनुभव से एक अप्राप्त बिंदु को प्राप्त किया। वहाँ वे किरात (व्याध) भी हैं, किरात को शाप देने वाले भी हैं। वे स्वयं शिकारी हैं और शिकार भी।

इत्थं विलप्य विपिने दयितां विचिन्वन्
रामो न तत्र धृतिमान् न हि लक्ष्मणश्च
तादृग्विधामपि कथां कथयन् स्ववाचा
वाल्मीकि जन्ममुनिरेव कठोर चेताः।।

रेम्बो अब और अधिक विचारमग्न हो गया और कहा, "महाकवि बोदेलेर प्रथम दृष्टा हैं, राजाओं के राजा, सच्चे भगवान् हैं।" मैंने कहा, "रेम्बो, उधर देखो, वह सूर्यास्त होता है। इन किनारों से दूसरे किनारों को, ये त्रिसन्ध्याएँ, इन्द्रियों का इंद्रजाल। इस इंद्रजाल के चंगुल से बच पाने वाले के लिए वाल्मीकि ही बोदेलेर हैं, बोदेलेर ही वाल्मीकि हैं। दृष्टा एक ही है जो त्रिकालाबाध्य है।"

मैं उठा। रेम्बो के कंधे पर सहारे के लिए हाथ डाल कर आगे बढ़ा। कोई भार मुझे दबाए जा रहा था। मेरा कुरता पसीने से तर हो गया। कंधे पर से शाल खिसक गया। वैसे ही जा रहा था, वन-ज्वाला की ओर। रेम्बो की समझ में कुछ न आया, वह भौंचक्का हो रह गया। पीछे से झुंड के झुंड आ रहे थे, भवभूमि, कोक्तो, लियोनार्डो मैकेलेंजिलो, बोदेलेर, मल्लामें, कालिदास, इलियट, पाउंड, जाजसाटायाना, भांस, ग़ालिब, जक्कन, सौदा, मीर, श्रीनाथ, लोर्का, इक़बाल, रोडें रिल्के, वर्जिल पिकासो, सोक्रटीज (सुकरात) कावबाटा, ज़ीसस, (ईसा) कवफ़ा, सेफरीस–लहराते हुए, पाँति बाँध कर रेखाओं के समान, मानों प्रकाश घिर रहा हो, वे झुंड बाँध कर आ रहे थे।

मैं वनज्वाला की ओर बढ़ता जा रहा था, जा रहा था, जा रहा था। वनज्वाला ने मुझे रोका नहीं। मैं उसमें चला गया। उसने मुझे अपने में लीन कर लिया। अब मैं नहीं हूँ। वनज्वाला ही है। मेरे पीछे आने वाले वे झुंड, सिरों की पंक्तियाँ, मेरे पीछे ही वनज्वाला की ओर धीरे-धीरे आ कर, एक-एक फूल में विलीन हो गये। बची थी लाल-लाल फूलों से भरी वनज्वाला। हमेशा के जैसा अप्रैल का महीना-हज़ारों-लाखों फूल गला खोल कर कोकिल स्वर में गा रहे थे।

“आइए हमारे दरवाज़े के बंदनवार बन जाइए,
मानव जीवन को महापर्व बनाइए”

“कहते हो, मुट्ठी भर वसंत की भीख सब को दे दो,
कहते हो, मुझे तो प्रेम करने वाले दो होंठ बस हैं।”

“जाओ
कल के गुलाब की फुलवाड़ियों में
उषा बन जाओ
उषा बन जाओ।”

–शेषेन्द्र शर्मा

सफ़ीने रवाँ दवाँ

(शेख़ मुजीबुर्रहमान की नज़्र, यह नज़्म 25 जनवरी 1972 को आल इण्डिया रेडियो, नयी दिल्ली के नेशनल सिंपोज़ियम में पढ़ी गयी।)

सूरज चमका
जैसे लहू के दरिया में
आकाश से टूटा और गिरा
बम बरसे
फिर मौसम के और जीवन के रंगीं चेहरों पर ख़ाक उड़ी
नन्हे परिन्दों के सीने से
मीठे सुरों की चोरी करके
शब भागी
आग करोड़ों आँखों से
बस उबल पड़ी
एक भयानक चीख़
जैसे निकल पड़ी
सोती सदियाँ जाग उठीं
और वक़्त की सरहद टूटी
फिर आवाज़ों का सरगम
रक़्स-कुना[1] और अक्स-फ़िगन[2]
साँसों के सुर्ख़ समन्दर में
ऐसा टूटा
जैसे इक शिरियान[4] कटे और ख़ून बहे

---

1 नर्तक 2 परछाई का पड़ना 3 लाल 4 शिरा

फिर सारे जग को ले डूबे
यह सब कुछ क्या था ?
धरती के फट पड़ने का
एक धमाका था
या कोई पैदा हुआ था
जागा था
झूले में फाँद पड़ा था
ताकि साँस मिले
सूरज को देख सके
अपने पंखों से
उड़ता फिरे
अफ़लाक[1] की सैर करे
ऐ प्यारी ज़मीन
ऐ प्यारे वतन
मसरुख़ा[2] मीठे गीतों को
अब ढूँढ़ निकालो
जहाँ-जहाँ नफ़रत के नशेमन[3] डाले थे
वहाँ-वहाँ तुम प्रेम के दीप जलाओ
आबोहवा को साफ़ करो
मानव से आकाश तलक
उल्फ़त[4] के नग़मे[5] गाओ
बेचारी यह प्यासी धरती
क़त्ल के साग़र पी कर
ज़ख़्म निगल कर
हाथ उठाये
शेरों का मुँह बंद करे
गर्म जवानी के ख़ूँ से
माँ-बहनों के माथों से
कुंकुम छीने
धुएँ के बादल में बहने को

1 आसमानों 2 चुराये हुए 3 नीड 4 प्यार 5 गीत

याक़ूती[1] चेहरों के परे
हीरों की यादों के पंख लगा कर उड़ जाओ
आकाश के तारों में मिल जाओ
और हमेशा चमको

क्या नस्ले-इनसानी[2] पर
पाबन्दी[3] हो सकती है ?
क्या शेरों जैसे समन्दरों के
पाँव में बेड़ी डाली जा सकती है ?
क्या नब्ज़ों[4] को रोका जा सकता है ?
क्या सहरा में आँधी को क़ैद किया जा सकता है
ऐ नादान !
सुन तो ज़रा
यक ऊँची मलकूती साफ़ सुथरी निदा[5]
कोहो-सहरा से
वक़्त को सरसर की साँसों से
उम्मीदों के, ख़ूँ के लबादे पहने मुल्कों की सरहद को
ठोकर से मिटाती आज़ादी निकली है
राह के पत्थर धोये
जश्नों को कुचले
जज़्बात[6] को रौंदे
मव्वाजे-दरिया[7] की मानिन्द उभरी
आज़ादी की देवी अपने घर आयी है
अपनी वादी में ठहरी है
अपनी दुःख-भरी अबरू
कोहसारों[8] पर
सताने को रख दी है
सहर[9] की एक किरन
आहिस्ता से आ कर

---

1 लाल सम्बन्धी 2 मनुष्य-प्रजाती 3 प्रतिबन्ध 4. शिराओं 5 आवाज़ 6 भावनाओं 7 समुद्र की बड़ी लहरें 8 पर्वतमाला 9 उषा

आज़ादी के माथे से
ख़ून के धब्बे पोंछेगी
कल तक तो यह सूरज
एक फोड़ा था
आज, यह याक़ूती[1] हाथों से
हीरे-मोती छिड़के
कल तक था
ज़ख़्मी खेतों में शैतानी खेल
आज ज़मर्रुद[2] जैसा ताज़ा सब्ज़ा[3] है
नक़्शेक़दम[4] शहीदों के
जैसे ख़ुशी से रक़्स[5] करे
जंगल में मोर
गंगा के किनारे खेलने वाले बच्चे
ब्रह्मपुत्र के साहिल पर
कश्ती डाले
आज़ादी के पानी में
बहते रहते हैं
और वक़्त के धारे बदलते हैं
हिमालय की चोटी पर मुसकानें हैं
नयी मुहब्बत की नस्लों को
चीख़ों को और गूँजों को
अपने क़रीब बुलाती हैं
अपने ज़ानू पर
सुलाती हैं
ऐ सुबह की मासूमी
एक ताज़ा और नया सूरज
सोने के पानी से तुझको नहलाता है
अज़ीम[6] क़िस्मत का एक अहदे-ज़र्री[7]
हसीन[8] धरती
तुझको अता करता है

---

1 लाल 2 पन्ना 3 हरा-भरा मैदान 4 पदचिह्न 5 नृत्य 6 महान 7 सुनहरा दौर 8 सुंदर

ये आँखें

(शादी के दिन 16 जून 1971 हालेबीड़ में यह नज़्म अंग्रेज़ी में अपनी धर्मपत्नी राजकुमारी इन्दिरा देवी धनराजगीर जी के लिए कही गयी।)

शायद एक दूसरे में
हम पिन्हाँ-पिन्हाँ[1] थे
हुजूमे ज़िन्दगी[2] से परे
सचाई की तलाश है
इन आँखों के दोआबे[3] में
जो दरअसल सोने और सियाह नीलम के ख़ज़ाने हैं
मैं देख सकता हूँ उस रूह[4] को
जो हिमालय की चोटी की मानिन्द खड़ी है
और जो सितारों को छूती है
जिसमें मेरा मुअत्तर-माज़ी[5] बसा हुआ है
शहनाई पिछली ज़िन्दगी के कोहसारों[6] और वादियों में
गूँज उठी है
और राग हिंडोल
परियों की तरह
महताब[7] की किरन-किरन से
मेरे जीवन के सहरा में उतर रहा है
जहाँ सहर बेआवाज़ है
अप्सराएँ ज़रीन मलबूस में[8]

---

1 छिपे हुए 2 ज़िन्दगी की भीड़ 3 द्वीप 4 आत्मा 5 अतीत 6 पर्वत माला 7 चन्द्रमा 8. सुनहरी लिबास

अपनी ज़ुल्फ़ों को छुपाये
एक मुकम्मिल दुनिया-ए-ख़्वाहिशात[1] में
ख़िरामा[2] हैं
जहाँ होंठों की मुसकुराहट
चम्पई चेहरों पर चमकती है
बाग़ों में, महलों में
जहाँ क़नीज़ें[3] मौसमों के गीत गाती हैं
जहाँ हिरनी की आँखें मुसकुराती हैं
और मोर नाचता है

उन शहरों में विंध्य से परे
परबतों, खेतों और क़िलों में
जो राजस्थान की रेगे सहरा में
मोतियों की तरह बिखरे हैं
उन तस्वीरों को मैंने
अपने बुज़ुर्गों की किताबों में
एक आँख बन कर
हर बुने मूँ[4] से पढ़ा था
जो एक तन्हा बच्चे की तरह
ख़ामोश
सीढ़ियों पर बैठा
पिछली ज़िन्दगियों को तलाश करता हो
तहतुश्शऊर[5] में मैंने एक हुस्न खोया था
जिसे अब पा गया हूँ
नयी सुबह के उफ़क़[6] पर
मेरे नाआफ़रीदा[7] बच्चों के ख़ालिक़[8]
इन दो आँखों में
मुसकुराते नज़र आते हैं

---

1 इच्छाओं की सम्पूर्ण दुनिया 2 मस्तानी चाल से चलती हुईं, 3 दासियाँ, 4 रोम-रोम, 5 अन्तर्प्रज्ञा, 6 क्षितिज, 7 अजन्मे, 8 सृष्टा

नये साहिल

(नये साल पर)

ख़ला[1]
अमीक़[2] से अमीक़तर[3] होती जाती है
मुझे गिरफ़्त में ले लेती है
गरजता हुआ पयाम[4]
मेरे कानों में रस घोलता है
क्या तुम अभी इसी यक़ीन[5] पर क़ायम हो
कि यह दिन रसूलों के और सलीबों[6] के हैं
यह दिन
ज़िन्दगी को सलीब की मानिन्द तराशते हैं
और आदम को इब्ने-मरियम[7] की सूरत में ढालते हैं
नये अहद का सूरज उभर कर
लब वा[8] करता है
एक नये अहदनामे का तोहफ़ा[9] लाता है
यह मौत और हक़ीकतपसन्दी[10] की मुक़द्दस[11] किताब है

इनसान
आकाशलोक के वासियों की मानिन्द
आज़ाद-ओ-बेज़ंजीर है
एक ज़माने की ज़ुरअत है

---

1 शून्य 2 गहरी 3 अधिक गहरी 4 संदेश 5 विश्वास 6 सूलियाँ 7 मरीयम क़ा पुत्र ईसा मसीह 8 हांठों को खोलना 9 उपहार 10 यथार्थ प्रियता 11 पवित्र

एक नयी क़ुव्वत बन कर
एक नयी राह पर
क़दम से क़दम मिला रहा है
ज़मीन के इस किनारे से उस किनारे तक
इस साहिल से उस साहिल तक
नहीं, बल्कि उफ़क़ों[1] की रहगुज़ार[2] में
एक नया पयम्बर
साबिक़ा[3] पयम्बर के मुक़ाबिल आएगा
उस गरुड़ की तरह
जो नग़मए-नाशनीदा[4]
अपने गले में रोके हुए हो
इनसानी फ़हम[5] के किनारों से परे
वह सलीब पर नयी चाँदनी
और सुनहरी रोशनी का तूफ़ान
लाएगा
चलो ऐ जानेआरज़ू
तूफ़ानी बाढ़ में जस्त[6] लगाएँ
और आने वाली
कल की जलती हुई सहरों[7] पर
अपने लब रख दें
वक़्त की चरागाहों में
ख़ौफ़ और गुस्से की नदियाँ जा गिरती हैं
जहाँ तुम और मैं
दो मासूम कलियाँ
जीवन-हरियाली की ज़बानों पर चटकी हुई हैं
कासनी सहरों की निकहत
बारूद की बू
एक याद को जगाती है
जंग की हवस और जज़्बात ज़िन्दा हो जाते हैं
तारीख़ नज़रियों की धूल के साथ गुज़रती है

1 क्षितिजों 2 रास्तों 3 भूतपूर्व 4 अनसुना गीत 5 मनुष्य का विवेक 6 छलाँग 7 सुबहों

नारों की आवाज़ गूँजती है
उसी तरह
जैसे दूर के कोहसारों[1] पर उफ़क़[2] के क़रीब धुआँ
आसमान की पेशानी पर
लकीरें बन जाता है
और गुबार
झुकते हुए आसमानों में
ग़ैर मुतवक़्क़ा[3] सहरों के ऐवानों[4] से
गुज़र जाता है
और इस अहद के गुज़र जाने के बाद
धोखे का शिकार हो जाते हैं
गीत गाते हुए
और बेबुनियाद दलील के गुलदस्ते उछालते हुए
ऐ वक़्त के नौख़ेज़[5] बच्चे
ऐ दूध के समन्दर
ऐ चाँद
तमाम ज़िद्दी नज़रियों के पैराहन
तार-तार कर डालो
और ख़ूबसूरती के मसनुई मलबूस[6] को तर्क कर दो
जो मसीह की मानिन्द
एक शफ़्फ़ाफ़ नूर[7]
नाज़ुक उँगलियों को
बेआवाज़ अबद[8] के आसमानों में उछालता है
हरियाली और गूँजों को छूता है
मोरों से खेलता है
एक सादा गीत की तरह
यह ख़्वाहिश है तूफ़ानी समन्दरों की ललकार में
धुल जाएँ
ज़हन के शाहीन[9]

---

1 पर्वत मालाओं 2 क्षितिज 3 असम्भावित 4 महलों 5 नये 6 लिबास 7 साफ प्रकाश 8 अनन्त 9 बाज़

जिन्हें दूर ख़्वाब के दरीचों में से देखा था
जिनकी परवाज़[1] को
नीली रौशनी में आँका था
जिनका गीत सिर्फ़ आँसू है
उन मीनारों से टपकता है
जिनमें ममता की आँखें जल रही हैं
ज़लज़ला[2] फुँफकारता है और डसता है
जज़्बात के ख़स-ओ-ख़ाशाक[3] की तरह
लावा उबलता है
और इन्सान को ढकेलते हुए
ज़िन्दगी के दूसरे किनारे तक
फेंक देता है
जैसे इनसान
एक किनारे से दूसरे किनारे के दरमियान
करवटें बदलता है
जैसे दमकता सूरज
मश्रिक़ और मग़रिब[4] के दामन में
वक़्त की हमारंगी लहरों पर
अँधेरे-उजाले के बीच
पहलू बदलता रहता है
वक़्त
यकसानियत के बरअक्स
रंग बदलता रहता है
जो अक़ीदतों[5] को झुठलाता है
ऐ आदम सुन
बहकती हुई नयी नस्ल के नुक़ूशे क़दम को
कलीसा[6] के दरवाज़ों पर
नई नस्ल का बोझ
मन्दिरों की दीवारों पर कई उँगलियों के निशान
मूर्तियों और देवताओं के क़रीब

---

1 उड़ान 2 भूकम्प 3 कूड़ा-करकट 4 पश्चिम 5 श्रद्धा 6 गिरजाधर

दिलों के ज़ख़्मों से ख़ून रिस रहा है
इनसान कफ़े-अफ़सोस[1] मल रहा है
अरज़े मुबहम[2] और मायूसी के ज़र्द सायों में
घिरा हुआ है
मगर उस वर्क़ के पलटने से पहले
ऐ जाने बहार
हम नये आदम को धूम-धड़क्के से
लौटता देखेंगे
सुनो
तारीख़ के ग़ारों[3] में
उसकी आवाज़ गूँजती है
यह आवाज़ एक दिन
तमाम खोटे सिक्कों को और झूठे इनसानों को
सलीब पर चढ़ा देगी

1 पश्चाताप में हाथ 2 अस्पष्ट घेरों 3 इतिहास की गुफाओं में

तुम

(पेरिस में वीनस डिमेलो की मूर्ति को देखकर)

कुछ तो बोलो
मेरे दयारे चश्म में एक ख़्वाब
धनक[2] की तरह बिखर गया है
वो धनक
जो दूर आकाश के किनारों से
उतरती मालूम होती है
उन होंठों को वा[3] करो
जो रूह-कशे-बर्गे-गुल[4] हैं

ऐ परीवश[5]
मेरे मासूम माज़ी[6] की लहरों में
वक़्त की क्यारियों में
गहरी नींद में
कितने युग तुम सोती रही हो
गुलाब खिले-मुर्झाए
ख़िज़ाँ[7] की नज़्र[8] हुए
लेकिन तुम
तुम्हारे नाज़ुक चरणों में नज़्र होने वाले
गुलाबों को लेने के लिए

---

1 शहर की आँख 2 इन्द्र धनुष 3 खुला 4 आत्मा तक को मोह लेने वाली फूल की पँखुड़ियाँ
5 परी की तरह 6 अतीत 7 पतझड़ 8 भेंट

क्यों नहीं आयीं
दयारे[1] रोम में तुमको देखा
क़दीम[2] संगरेज़ों[3] की अज़मत में
नक़्श-ओ निगार[4] के आईनों में
अपने पहले महल की चौखट पर
दरख़्तों[5] की शाख़ों के पीछे
दूर पहाड़ियों के अक़्ब[6] में
सायों की तरह
माज़ी[7] के नक़्शे-नाख़ून की मानिन्द
तुम एक सजील शाम की तरह सँवर कर आयी हो
और अपने संग
लम्हा-ए-गुरेज़ाँ[8] के गुलाबों को
चुरा कर लायी हो

ऐ रोम के ग़रूब[9] होने वाले आफ़ताब[10]
मेरी आँखों में ज़र्द तमन्नाओं को तुमने
परत-परत उतार दिया है
जैसे किसी माइकल एंजलो के क़लम से
धनक के ग़म-अंगेज़ दर्द
टपक गये हो

वो आँखें
नीलगगन के टूटे हुए दो टुकड़े
दो ऊदे-ऊदे परिन्दे
जैसे दो नीलम
पंख लगा कर उड़ जाएँ
मैं उनमें कोहसारों पर गिरने वाली बर्फ़
और चाँदनी की ठंडी महक पाता हूँ
जहाँ मग़रिब[11] के किनारों में रेत पर

---

1 शहर 2 प्राचीन 3 कंकर 4 रूप-सौन्दर्य, 5 वृक्षों 6 पीछे 7 अतीत 8 बीते हुए क्षणों 9 अस्त 10 सूरज 11 पश्चिम

इन्सानी फ़िक्र की बरसात होती है
मैं उनमें
सल्तनतों[1] और शहरों के
उरूज-ओ-ज़वाल[2] देखता हूँ
जो सदियों के ताक़तवर शानों[3] पर
सो गयी थीं

जब तुमको पाया
तो दुनिया को खो बैठा
नींद की मीठी झील में
एक नाज़ुक ख़्वाब
हंस की तरह बहने लगा है
दूर, बहुत दूर
मैं आसमानों के नीले सन्नाटों में खो गया था
और फिर जागा
उफ़क़[4] की बाँहों में
जज़्बात के बगूले की तरह
मेरे तख़य्युल[5] को तुमने
नये पंख दिये हैं
कुव्वते परवाज़[6] दी है
आख़िर कुछ तो बोलो
इससे पहले कि ये लम्हये शब
गुज़र जाए
ये रात
जिसमें गुलहाये-आह-कशीदा[7] की साँसें
हम क़दम हैं
कहो तुम कितनी रातें
नुक़ई[8] चाँदनी की मौजों में
नहा चुकी हो, कहो

1 राष्ट्रों 2 उत्थान-पतन 3 कंधों 4 क्षितिज 5 कल्पना 6 उड़ने की ताक़त 7 आहें भरते फूलों 8 चाँदी जैसी

बादे सबा[1] की कितनी ज़ुल्फ़ें
तुम्हारे मरमरी शानों2 को चूमते हुए
उफ़क़[3] में गुम हो गयीं
क्या मैं तुम्हारे
संदली बदन पर
अपने होंठों के जलते हुए नूक़ूश[4]
छोड़ सकता हूँ
बस यह रात गुज़र जाने से पहले
दिल का बोझ हलका कर डालो

किस बुत तराश ने
कितने प्रेमनगर
तुम्हारी आँखों में
तराश डाले हैं
कहो क्या इन आँखों से
तुम देख रही थीं
सागरों का, शहरों का नशेबो-फ़राज़[5]
जागते, डूबते सूरज के रंगीन पंखों पर
वक़्त का पंछी
मुस्कुराता हुआ उड़ता रहा
उस वक़्त तुम सूरते सहर रौशन थीं
और गुले यासमीन की तरह महकती थीं
कितने मुसाफ़िर[6]
उम्मीदों की रविशों[7] से गुज़र गये
तुमने मुहब्बत के सुनहरे तार से
कितनी ज़िन्दगियों के लिबादों[8] पर
प्रेम के फूल काढ़े
कितनी आँखों में तुमने
नर्म, महीन[9] और रेशमी ख़्वाहिशों[10] के धागों से

---

1 सुबह की हवा 2 कंधों 3 क्षितिज 4 निशान 5 उत्थान-पतन 6 यात्री 7 पगडण्डियों 8 लिबास
9 मुलायम 10 इच्छाओं

क़ौल ओ-क़सम[1] के निशान
और उम्मीदों के नशेमन[2] बनाये
आओ
मुझसे कह डालो
इससे पहले कि वक़्त का कारवाँ[3]
और आख़िरी रेंगता हुआ लम्हा
मेरी ज़िन्दगी के सहरा को छू ले
क्या तुम मेरी मंज़िल की तरफ़ जा रही हो
मेरी कींश्ते आरज़ू के रौंदते हुए
अपने बदन के बेदाग़ मोतियों को बिखेरते हुए
अपने मलबूस से आज़ाद करते हुए
इधर आओ
तुम पत्थर नहीं हो, ख्वाब नहीं हो
तो क्या तुम एक माही-ए-ख़ुशरंग[4] हो
जो मेरी हज़ारों रंगों से
एक आँख बन कर जाग रही हो
मैं कि जिसे
हादिसा-ए-ज़िन्दगी[5] ने
रेज़ों में बाँट दिया था
एक अजनबी लम्हे में
तुमने उनको एक जाँ कर दिया
और मेरी ज़िन्दगी पर
सुकून की शबनम बरसायी
जब मेरी दो आँखों ने
तुमको परखा
अपने अहसास की अनगिनत उँगलियों से छुआ
तो तुमने
मेरी कोताहिये दामन[6] में
सोने के ख़ज़ाने लुटा दिये

---

1 कसमें वादे 2 घोसले 3 क़ाफ़िला 4 खूबसूरत मछली 5 ज़िन्दगी की दुर्घटना 6 तंग आँचल

अब मेरी आरज़ुओं के सफ़ीने[1]
इश्क़ के समुन्दरों में
रवाँ-दवाँ[2] हैं
इश्क़ अगर जीवन की मिठास है
तो आशिक़ एक फूल है
मैं वो फूल हूँ
जिसे तुम्हारी अंगुश्ते हिनाबस्ता[3] ने खिलाया है
तुम्हारी बाँहें
खेतों पर रक़्स[4] करती हुई चाँदनी की मानिंद
मुलायम हैं
मुझ पर उन बाँहों में क्या गुज़री
तो सुनो
जैसे अव्वल-अव्वल
लपकती हुई अग्नि ने
ऋषियों को गीत दिये थे
मैं एक किरन की तलाश में
एक नग़में की लकीर पीटता हुआ
तुम तक पहुँचा हूँ
सदियों की शुआओं में
नहाता हुआ
लम्हाते अस्ल में
गाता हुआ
मैं अपने आप तक पहुँचा हूँ

1 कश्तियाँ 2 प्रवाहमान 3 मेंहदी रची उँगलियाँ 4 नाच

धुँदलके साये

यह रात क्यूँ आती है
कौन इसे आने देता है?
कौन साँझ के साँवले चेहरे पर
नक़ाबे-शब[1] चढ़ाता है
मैं हर रात की आवाज़े-पा[2]
से डरता हूँ
जिसके बाल डरावने
और सूरत भयानक है
रात में तारे भी
दाँतों की मानिन्द नज़र आते हैं
उफ़ यह रात
अमावस का अँधेरा मुहीत[3] है
डरावने ख़्वाबों की तारीकी
मैदानों में तसव्वुर[4] के भयानक साये
और ख़यालात के कीड़े-मकोड़े हैं
ज़ुल्मत[5] के लिहाफ़ में
अपने चेहरे को छुपा लेता हूँ
ख़ुदतन्क़ीदी[6] के ख़ंजर को
अपने सीने में उतार लेता हूँ
ख़ून के फ़व्वारे रह-रह कर फूट पड़ते हैं
आने वाली कल के किनारों पर
बदनुमा दाग़ बन जाते हैं

---

1 रात का मुखौटा 2 पदचाप 3 फैला हुआ 4 कल्पना 5 अँधेरे 6 आत्ममन्थन

माज़ी[1] का मंजर[2]
याद के झरोकों से झाँकता है
और वक़्त के सुकून को लूटता है
फ़ज़ा को आलूदा[3] करता है
अम्न
तख़्लीक़ी ज़हन[4]
नफ़से हयात[5] से कम नहीं
जो उरियाँ हक़ीक़तों[6] के परबतों पर
ज़ाहिर है
और परबतों के दामन में
ज़िन्दगी का कफ़-आलूदा समन्दर
हरदम चीख़ता रहता है
हड्डियों तक मुत्तहर्रिक-तजुरबात[7]
जज़्ब हो जाते हैं
और वक़्त का भूखा भेड़िया
हक़ीक़त के ज़ख़्मी बदन से ख़ून चाट-चाट कर
भाग जाता है
और ज़हन
मुर्ग़ी की तरह
बंज़ये-आफ़ाक़[8] पर बैठ कर
नापसन्दीदा ख़यालात की आने वाली
एक नस्ल को सेंकता है

ऐ मीनारे-नूर
ऐ जाने-सदाक़त
तुमने ज़िन्दगी को मुत्तहर्रिक़[9] कर दिया
उम्मीदों को क्यूँ कजलाएँ
पीछे सरकती हुई और जलती हुई
उम्मीदों पर, इस दर्दनाक धुँदलके पर
चिलमनें छोड़ने के लिए
आख़िर तुम क्यों नहीं आयीं ?

---

1 अतीत 2 दृश्य 3 मटमैला 4 सृजनात्मक मस्तिस्क 5 ज़िन्दगी की साँस 6 नग्न वास्तविकताओं 7 जीते-जागते अनुभव 8 आसमान 9. गतिशील

शबनम के मोती

किसी तसव्वुर[1] की आहट से लब वा हो जाते हैं
दो बोल
दो पंख बन कर
नील गगन में मेरे वजूद[2] को ले उड़ते हैं
एक पंख गीत बन जाता है
और दूजा नामाबर कबूतर
वो लम्हए-सुकून[3]
जो बर्गे-गुल[4] की नींद के घूँघट में
पोशीदा[5] है
किस तरह उरूसे दिल[6] बनेगा
फूलों के नगरों में
ज़र्रीशए-ज़ीस्त[7] की राहों पर
रंगीन ख़यालात की कलियाँ चुनी हैं
अब वो काले-काले वजूद के बादलों पर
सज जाएँ तो क्या ये
धनक बन कर खिल जाएँगी
मख़्मूर-ओ-मस्तूर[8] लम्हों की चिलमनों से
जो मेरी जानिब दौड़ती हैं
वो कैसी नज़रें हैं
माहिये-बेआब[9]

कब से ये खोज, ये प्यास चली आ रही है

---

1 कल्पना 2 अस्तिस्क 3 शान्ति के क्षण 4 फूल की पंखुडी 5 निहित 6 दिल रूपी दुल्हन 7 सुनहरी ज़िन्दगी 8 नशे में डूबे हुए व गुप्त 9 जल हीन मछली

तुलू-ओ-गुरूब के सूरज से परे
नाउम्मीदी के रेगे-सहरा में रेंगती हुई
उन सब्ज़[1] खेतों में जहाँ चाँदनी लोटती है
जहाँ बादलों के घोल के घोल
शफ़्फ़ाफ़ आसमान[2] की क्यारियों में
चरते रहते हैं

मण्डप पर
बारिश के मासूम क़तरे
दरीचों की दरारों में
सर्द हवा बोलती है
बदन में चुभती है
ज़हन
गोया काग़ज़ की नाव है
तन्हा-तन्हा बहने लगता है
रात की परछाइयों में
सावन की रिमझिम में
आओ, जाने-बाहर
एक मुक़द्दस-लम्हा[3] बन जाओ
चाँदनी की किरनों से बुना हुआ लबादा
तारों के हीरों से बुने गये हार
तेरे मुन्तज़िर[4] हैं
इतर-ए-सुख़न[5] से मैंने
अपने दिल की गुलाबी भर ली है
तेरी राहों में
हर पल
ख़यालात के मुनक़्क़श[6] क़ालीन बिछे हैं

आहिस्ता चल, आहिस्ता
हुजूमे-गुल

---

1 हरे 2 साफ़ आसमान 3 पवित्र क्षण, 4 प्रतीक्षारत 5 काव्य-सुगन्धि 6 नक़्क़ाशी-दार

शाख़ों की बाँहों में मस्ते ख़्वाब है
साँस मुअतर[1] है
ख़ामोशी ख़ुमार[2] बन गयी है
जीवन-आकाश चाँदनी उगल रहा है
दिल
दिवाली के अनार की तरह
नूर के फूल उछाल रहा है
क्यों तुम मेरे ख़्वाबों को
अश्कों में नहलाती हो ?
ये दिन
सूखे पत्तों की तरह टपक जाने से पहले
आ जाओ !
ये चन्द लम्हे ग़नीमत हैं
आ जाओ !
कि मैं तुम्हारी गुलबदनी को
अपनी साँसों में झुला सकूँ

आज शफ़क़[3] का आँचल
खूने दिल की झील में भीगा पड़ा है
ग़मो-मसर्रत[4] के सय्याले-आतिशी[5] से
जामे-हयात को पुर करना होगा
रंज-ओ-शादमानी[6] के मख़मली पैराहन
ज़ेबे-तन किये
दुःख-भरे अफ़सानों की सुनहरी दस्तार
ज़ेबे-फ़र्क़[7] किये
अब भी
वक़्त की देहलीज़ पर ऊँघती हुई आँखें
मुन्तज़िर[8] हैं
जब नैनों के कमल तुम पर खिले

---

1 ख़ुश्बू में बसी 2 नशा 3 सूर्योदय अथवा सूर्यास्त के समय आकाश की लालिमा 4 सुख-दुःख
5 आग का बहता दरिया 6 ग़म व ख़ुशी 7 सिर पर सजाए 8 प्रतीक्षारत

तो नींद भँवर बन कर उड़ गयी
आसाब[1] की तनाबें[2] बज उठीं
और दिल ताल पर धड़कने लगा
बदन में मौजे ख़ूँ बल खाती नागिन की तरह
रक़्साँ-रक़्साँ है
किसी वीरान मन्दिर में
उम्मीद की आरती जलती है
दौड़ती छाती, बसीत तारीकी के
उन आख़री लम्हों में
जीवन-ज्योति
मुश्ते अहसास में
आवाज़े पा की सहर तक
जलना चाहती है

---

1 जिस्म तन्त्री 2 डेरे की रस्सी

यह रात

(21 दिसम्बर 1971 को नागार्जुन सागर में लिखी गयी।)

यह कौन यादों के पत्थरों को कुरेद रहा है
सितारे नुकीले नाख़ुनों की तरह
ख़ून-आलूदा ज़िन्दगी का जश्न मना रहे हैं
कैसे भूल जाऊँ
कि आज तजुरबात का तज्ज़िया[1] हो रहा है

मैं क्या जानूँ यह कैसे पैग़ामात हैं
बादेसबा क्यूँ नग़मारेज़ है
यह किस गुलशन के
किस जन्नत[2] के नग़मे गा रही है
या फिर मेरे ज़हन-ओ-फ़िक्र को
लोरी दे रही है
दरहक़ीक़त यह एक लम्हएबहार को
जगा रही है
जिसे मैं खो चुका था
कब और कहाँ कुछ याद नहीं
यह ख़ुशबुए बदन जो इस रात की लहरों में
निखर रही है, बस रही है
इसने कितने रंगीन और दिलकश दुःखों को
अपने सीने से लगा रखा है

---

1 विवेचन 2 स्वर्ग

जैसे एक नन्हा नश्तर
जो वजूद की गहराइयों में उतरता जाता है
बरसों पहले एक शै
भूल के समन्दर में ग़र्क़ हो गयी थी

आरज़ू के पंख
फड़फड़ा रहे हैं
दिल के खँडहरों में
खोयी हुई चाँदनी पुकार रही है
हवस के होंठ
चाँदनी के प्याले की सिम्त[1]
बढ़ रहे हैं
हंगामेशब[2] ख़ामोशी की मकड़ी
नाउम्मीदी के जाले बुन रही है
बस एक आँसू
गोशा-ए-चश्म में लरज़ाँ
यह ग़म का सफ़ीर[3]
तन्हा-तन्हा
शाने ख़ुसरवाना[4] से ख़िरामा[5] है
रंगीन याद मुंज्जमिद[6] हो गयी है
माज़ी[7] के जाने का मातम नहीं
मगर यह ज़ख़्म
यह कसक
यह ख़ून कैसा ?

सैकड़ों निकहतें [8]
हज़ारों सरगोशियाँ
लाखों रंगीनियाँ
यह इन्द्रजाल कैसा मुहीत[9] है

---

1 तरफ़ 2 रात के समय 3 दूत 4 शाही सजधज 5 गतिशील 6 जमा हुआ 7 अतीत 8 ख़ुशबूयें 9 फैला हुआ

एक माज़ी[1]
आँखों में
ग़ुरूब और तुलू[2] होते हुए सूरज की तरह
घिर चुका है
दूर कोई तराना उभरता है और डूब जाता है
मेरे तहतुश्शऊर[3] को जगाता है
हज़ारों नर्म उँगलियों से
हर बुनेमू को छूता है, बहलाता है
मुहब्बत के कुँज में
चमेली के फूलों को चुनने के लिए
फ़िक्र निकल चुकी है
कब ? नहीं मालूम।
एहसास
रोज़-ओ-शब की आग़ोश में
और यादों के गर्म लावे में
तैर रहा है
हादिसात,
वक़्त और फ़ासले के किनारों से
लम्हा-लम्हा दूर होते जा रहे हैं
चढ़ता सूरज
ग़ुरूब होते हुए सूरज से ज़्यादा रौशन है
शफ़क़[4] का पैरहन
दूर-दूर तक
दिशाओं में लहराता है
शुनीदा नग़मों[5] से ज़्यादा
वो लहरें, ग़मअंगेज़ हैं
जो दिल में उतर जाती हैं
ग़म के अफ़साने नशेमन हैं
दिलों के दाग़ ऊँची आवाज़ में बोलते हैं
हादिसे की याद गहरी हो जाती है

1 अतीत 2 डूबना और उदय होना 3 चेतन 4 क्षितिज की लालिमा 5 सुने हुए गीतों से

आँखों के ताल
जिनमें नीले साये मुतहर्रिक़ हैं, बोल रहे हैं
जिन्हें मेरे हज़ारों कान सुन रहे हैं
यह रात नहीं, एक लम्हा है
जिसमें अनगिनत जवाहरात की फ़सल
काटी गयी है
मुसर्रतें[1], जैसे हाथी-दाँत के फूल
उम्मीदें, जैसे नीलम
नाउम्मीदी, जैसे सियाह मोती
जश्न, तख़रीब[2], अंगारे
चरके खाये हुए बदन
फूल और याद
एक दूसरे से गले मिलते हैं
फिर इस लम्हाए बेशक़ीमती से
जीवन के लहू से
ज़िन्दगी का दूध निचोड़ते हैं

आज दिल बेक़ाबू है
ख़ुद को इस रात के हवाले कर दो
धीरे-धीरे
अपनी रूह की सरगम को
नग़मारेज़ करो
यह मुक़द्दस लम्हा है
अर्केगुलाब से धोया हुआ है
और रात
मरतूब[3] है
नग़मा-बलब है

---

1 ख़ुशियाँ 2 विध्वंस, 3 भीगी हुई

वक़्त

ख़ारज़ारों[1] में
वक़्त
फूल की तरह मुसकुराता है
हम अपनी सदी के ख़्वाब हैं
चलो अपने अहद[2] के ख़ुश्क-गुलू को
उस लम्हए-ग़नीमत के ठंडे पानी से तर कर लें
वो लम्हा जिसने मुझे ज़िन्दगी की मसर्रत दी
वो लम्हा जो मैंने तुमको सौंपा
वो लम्हा जो तुमने मुझे दिया
वो लम्हा कोई बर्गे-आवारा तो नहीं
कि हवा से उड़ जाए
लेकिन वो दामाने-ख़याले-यार[3] है
जो पंख की तरह लहराता है
जो कमल की झील के सीने से गुज़रता है
और मैं वादियों में, बाग़ों में
उस साये का तअक़्क़ुब[4] करता हूँ
और छू लेता हूँ

मेरी आँखों में झाँको
उस शै को तलाश करो
जो वहाँ है
ख़ून के दरियाओं से परे

---

1 कँटीली झाड़ियों 2 दौर 3 प्रिय की याद का दामन 4 पीछा

गुरूबे-आफ़ताब के सिन्दूर की हद से दूर
काली-काली रातों से आगे
जो चाँदनी बरसाती हैं
देखो,
मैंने इस पाकीज़ा[1] लम्हे को
ख़ून-रिसते हुए मौसमों से छीना है
जो अब तब भी ख़ून-आलूदा है
मैंने गुरूबे-आफ़ताब के ज़ख़्मी सीने से
ये चीख़ छीन ली है
हक़ माँगा है
एक नफ़स[2]
जो सरसब्ज़-चरागाहों[3] में तुम पर और मुझ पर
मुसकुराता रहा है
जो दुःख और मसर्रत
नफ़रत ओ' मुहब्बत से बालातर[4] है
अगर यह लम्हा इधर ही उतरता
तो बहारें नाबीना[5] रह जातीं
आर आँखें ज़ख़्मी हो जातीं
इसमें सूद-ओ-जियाँ[6] की क्या बात है
आकाश का दिल बेचैन है
सीनों में तूफ़ाने हवादिस[7] हैं
दरिया की आँखें भी ख़ुश्क हैं
माज़ी[8] के
सोने-चाँदी के औराक़[9]
जीवन की आँधी में
चमके, तड़पे
जैसे नन्हें पंख शाहीन[10] के पंजे में

1 पवित्र 2 साँस 3 हरे भरे मैदानों 4 ऊपर, परे 5 अँधी 6 नफ़ा-नुक़सान 7 दुर्घटनाओं के तूफ़ान 8 अतीत 9 पृष्ठ 10 बाज़

माज़ी क्या कहता है
वीरानी क्यूँ रोती है
कुछ तो कहो
क्यूँ इनसान का ज़हन
ज़िन्दगी से डर रहा है
क्या कोई तेग़ चमका रहा है
या कोई हिरनी
सग-गज़ीदा[1] है

यह तोहफ़ए रोज़ोशब[2]
और यह लम्हा
बतने-सदफ़[3] में महफ़ूज़[4] है

हज़ारों मुसलसल[5] हिलाल देखे हैं
उन आँखों की गहराइयों में
जिनमें कमल खिलते हैं
मेरी निगाहों में निशिस्ते-ख़्वाब[6] के लिए
सुनहरा तख़्त कब से जलवा-फ़िगन है
इस दोरंगी दुनिया में
सपने फिर सपने हैं
चलो !
इन्हीं को अज़ीम और मसर्रत-आमेज़ बनाएँ
नीम-वा[7] आँखें हैं
तबस्सुम ज़ियापाश है
वक़्त अगर दस्तक दे
तो अपनी आँखों के घूँघट खोलो

---

1 शिकारी कुत्तों की काटी हुई 2 दिन रात का उपहार 3 सीप की कोख 4 सुरक्षित 5 निरन्तर
6 स्वप्न-सभा 7 अधखुली

ज़हन शिद्दते ग़म और अफ़सुर्दगी
से आशना है

जैसे क़ैदी क़फ़स से मानूस हो
बादलों से सर-सरो तूफ़ान
और अँधेरे से ज़िन्दगी क्यूँ खेलती है
एक बार नज़र तो उठाओ
सवेरे की सुर्ख़ किरन फूट रही
उम्मीद की यही किरन
हाथों में कुंकुम भर देगी

ऐ तिश्नगीए ज़ीस्त[1] लौट आ
तेरे हलक़ को अर्क़ेमुहब्बत से तर करूँगा
काश इस लम्हएमुहब्बत को
हम क़तरा-क़तरा पी जाएँ
फिर अमृत का एक क़तरा
जीवन के ज़हरे हलाहल में मिलाएँ
और अँधेरे के नक़ाब को चाक करें
फिर सुनहरी सुबह के पानी से
हम रात के चेहरे को धो डालें
और कुछ दिन जी लें
मुझे गुमान तक न था
कि ज़िन्दगी ऐसी भी होती है
इस लम्हएनूर से पहले
मुझे नहीं मालूम था
कि किसी वजूद से मेरी आँखें मुनव्वर[2] हो जाएँगी
मुझे अहसास तक न था
कि रात का परदा उठ जाएगा
और सहर का तूफ़ान बढ़ते-बढ़ते
अँधेरे के शानों[3] तक पहुँच जाएगा

---

1 ज़िन्दगी की प्यास 2 रौशन 3 कंधों

मुझे उम्मीद न थी
कि रूहे ख़ुसरवाना[1] के साये
मेरी खामोश आँखों की झीलों में
बहने लगेंगे
रातें पहले भी थीं
लेकिन
उनमें कोई आहट
कोई सरगोशी[2] नहीं थी

1 शाही आत्मा 2 काना फूसी

मौसम की आवाज़

गुलज़ारों और रविशों के
आशिक़े आवारा की तरह
कोयल फिर आयी है
तेरी कूक
थके माँदे मुसाफ़िर के लिए
एक तसल्ली है
दुल्हन की तरह जंगल सजे हैं
फूलों के गुलदस्ते, जवाहर के ख़ोशे
आकाश की नीली जिल्द पर
सोज़े-दुरूँ की पीठ सहला रहे हैं
लहसनियों की, पीले-पीले पुखराजों की
बारिश है, ऊदे, हरे कोहसारों के
पिघले हुए रुख़सारों पर
मेरा कहीं बसेरा नहीं है
पौदा कहाँ उगाऊँ
कलियों को कैसे चुनूँ
दिल, रूह की मिट्टी में फूल खिलाने को मुज़्तरिब[1] है
निगाहों की रंग-बिरंगी तितलियाँ
कागज़ के उड़ते हुए पुर्जे हैं
या फिर गुज़रे हुए कल के
मुबहम-मुबहम[2] ख़्वाब हैं
जिनको वक़्त की नसीमे-सहरी[3] के

---

1 बेचैन 2 अस्पष्ट 3 सुबह की हवा

झोंकों ने उड़ा लिया है
शायद यह वक़्त के पंजों से कभी न छूट सकें
ऐ ख्वाबीदा वजूद
हयात-ए-मुकम्मिल एक खोज है
तुम्हारे इन्तज़ार में, आँखें
कई बहारों के गीत गा चुकी होंगी
और आधा जीवन बीत चुका होगा
कभी-कभी यह मुक़द्दर
काँटों पर भी तुलता है
लेकिन हालात होंठों पर
तबस्सुम पहनते हैं
और शहद की निगाहों से छूते हैं
तुम क्यों इस तरफ़ निगाह करती हो
नन्हे परिन्दों के नाजुक दिल
शाख़ों के झरोकों में
जीवन की परछाइयों का रक़्स देख कर
काँप रहे हैं

तुम अपनी मुसकुराहट के क़ौसों[1] को
सिर्फ़ फूलों के होंठों पर रखो
तुम हर शब चाँदनी से नहा कर
महताब बन जाती हो
और रात ख़ुशी से काँपने लगती है
क्या कोई बरगे गुल[2] से हीरे का जिगर
काट सकता है ?
क्या कोई आह को बहार की ज़ुल्फ़
समझ सकता है ?
ज़मर्रुद के परिन्दे बन कर
कौन-से ख़्वाब उड़ सकते हैं ?

1 इन्द्र धनुषों 2 फूल की पंखुड़ी

शाख़सारों[1] में हम चलते रहते हैं
दूर, दूर, हमराह
आकाश का दिल जब सुर्ख़ हो जाता है
और सूरज
ज़ख़्म की अंगुश्तरी में नग की तरह
चुभ जाता है
दुनिया की आँखों में जो ख़्वाब बसा है
वह आशियानों पर सलीब की मानिन्द
अगर मुक़द्दर तुमसे पूछे
इस मौसम में, इस रुत में
तुम्हारी आरज़ू क्या है
तुम यह कहोगे
सबके लिए एक मुश्ते-बहार[2] अता[3] कर
और मेरे लिए
वो मुहब्बत-भरी आँखों के प्याले छोड़ दे

1 टहनी दर टहनी 2 एक मुट्ठी बसन्त 3 प्रदान

गुम्बदें

(ताजमहल से मुतास्सिर होकर—फ़रवरी 1972)

अज़ीम ख़्वाबों के नाज़ुक पंख
इन्सानियत की चश्मे उफ़क़ पर
लहराते हैं
अँधेरे की हथेलियों से
आँखें मलती हुई
आने वाली सदियाँ
हँगामे सहर जागती हैं
मैं ख़्वाब में
सदियों के कलसों को
उम्मीदों के कलसों को
अपनी निगाहों से छूता हूँ
गूँजें
ख़्वाबों के क़दमों में
आ रहती हैं
ख़ामोशी, नग़मों की आहों में
सो जाती है
इन बुर्ज़ों को, इन गुम्बदों को
हिक़ारत[1] से न देखो
यह वह इमारतें हैं
जो सदियों की कंगनों के काँच से

---

1 घृणा

बनायी गयी हैं
रुख़सारों[1] को सूरज की शुआओं[2] ने
गुलाबी बना दिया है
जिन पर अभी
इन्सानियत के बोसों[3] के निशान
चमक रहे हैं
यह चाँदनी रातों में क़ातिल[4] बन जाते हैं
और आशिक़ों के दिल धड़कने लगते हैं
यह कौन अश्कों की ज़ंजीरें फेंकता है
बेकसी के सीने में एक ताज़ा ज़ख़्म
और अपाहिज प्यार पर एक ताज़ा वार
जवाँ मर्दों को सधा कर रोना सिखाते हो
और रोशन झीलों को क्यों ख़ून से भर देते हो ?
यह चमकीली, सब्ज़ बादामी, कासनी, नीली और काली आँखें
जैसे दमकते जवाहर हैं
जिनकी पलकों से अभी तक दूध की ख़ुशबू आती है
जहाँ उम्मीद, शबनमे मासूमियत पर पलती है
अगर जीती-जागती सब्र की तनाबें टूट जाएँ
अगर मक़्तूल[5] उम्मीदें जाग पड़ें
तो इन्सानी कर्ब
ज़िन्दा सूरज की आँखों को फोड़ देगा
जो इन्सान की आँखों में
झूठ की बर्छिया चुभोती हैं
रोशनी राख बन जाएगी
और गर्द का ढेर बन कर गिर जाएगी
समन्दर उड़ जाएँगे
ख़्वाब के पंख धीरे-धीरे हिलते हैं
और गुम्बदों को छूते हैं

1 गालों 2 किरणों 3 चुम्बनों 4 हत्यारा 5 क़त्ल की हुई

इन्तज़ारे शब

यह भीगी-भीगी पूनम की शब
उरियाँ[1] है
बादेसबा[2] के बोसे ले कर
ख़ुशबू को
अपने कोमल होंठों पर मल कर
मेरे कानों में सरगोशी[3] करती है
मैं चश्म बराह[4]
तेरी आमद-आमद[5] की
क़तरा-क़तरा मय पीता हूँ
जब दिल को सुकूँ का नशा-सा
होने लगता है
अपनी आँखों के दरीचे
कर लेता हूँ बन्द
कहीं यह ख़्वाब के पंछी
उनसे निकल कर
उड़ जाएँ तो क्या हो
जैसे कमल
अपने सीने में...
शहद छुपा लेता है

मेरे हाथ
अहसास की हद से निकल कर

---

1 नग्न 2 सुबह की हवा 3 कानाफूसी 4 प्रतीक्षारत 5 आगमन

चन्दा की आवारा किरन को
पा लेने की कोशिश करते हैं
जो, गुलशन के कुँज में जा कर
ऐसी फँसी है
जिसको तेरा आँचल जान[1] के
मैंने
पकड़ने की कोशिश की है
मेरी नज़रें थक-थक कर
तेरे नक़्शेक़दम को
ढूँढ़ रही हैं
चाँद
बराबर राहों पर, कोहसारों[2] पर
एक नूर उड़ाता रहता है
लेकिन मेरी नज़रें
ज़ुल्मत[3] के रेशों में, जालों में
हर लम्हा उलझती रहती है
यह लम्बी जटाओं वाले दरख़्त
नज़रों को आगे बढ़ने से
क्यों रोके हुए हैं
डरता हूँ मैं
यह चाँदनी सारी
ख़्वाबों के ताने-बाने में खो जाएगी
फिर तेरे आ जाने तक
बाक़ी क्या रह जाएगा
एक जीवन जिसमें ख़्वाब नहीं
एक झील नहीं जिसमें पानी
एक मानव, जिसने
क़ौसेकज़ा[4] की पहनी हो दस्तार
इक महताबी मलमल का कुरता
जो न बना सकता हो

---

1 समझ 2 पर्वत मालाओं 3 अँधेरों 4 इन्द्र धनुष

उड़ते हुए बादल को पकड़ कर
बनफ़शई पापोश[1] बनाना चाहे
बस समझो, वह आख़िर में
इक ऐसा तनहा मुसाफ़िर है
इक ऐसा आबला-पा है
जो ख़ारआलूदा[2] धरती पर चलता है
या ऐसी आँखें
जिनसे ख़्वाब उड़ जाते हैं
वह ख़ाली नशेमन है
जिनसे परिन्दे उड़ गये हों
या ऐसी सहर
जो ख़ला की आँखों में
रक़्सकुना[3] कौकब के झुरमुट पर
झाँकते सूरज का आँचल फैला दे

---

1 सज्जित जूतियाँ 2 काँहेदार 3 नृत्य करते हुए

घरोंदा

मेरे महबूब
तुमने आख़िर
बोसीदा कुटिया[1] में
सूरज की किरनों को
चौखट की पेशानी से बाँध दिया है
बन्द दरवाज़ों से भी गुज़ार कर
तुम आसमान का एक टुकड़ा
अन्दर ले ही आये
ज़र्द पुखराज जैसा ज़रींशा[2] छिड़का
और सब्ज़ चरागाहों[3] को वुसअत[4] दी
मेरे जज़्बात की तपिशअंगेज़ धरती पर
मेरे तसव्वुरात के खेत बहार के गीत गाने लगे
ज़िन्दगी की रविशों को गुलेवजूद की
पत्तियों ने चूमा
चमन के चमन जाग पड़े
एक नये और जवान मौसम का सामना हुआ
मौसम भी ऐसा
कि कभी देखा न सुना
तुम्हारे क़दम जब मेरे बोसीदा घर[5] की तरफ़ बढ़े
मैंने ख़ामोशी का जाम पीते हुए
अपने आपको अँधेरे के चीथड़ों में छिपा लिया
तुम वादे की अज़मत[6] बतौरे तोहफ़ा

---

1 पुरानी झोपड़ी 2 सुन्हेरा जल 3 हरे मैदानों 4 विस्तार 5 पुराने घर 6 बढ़ाई

उम्मीदों की राख के लिए लाये थे
मेरे ख़यालात की तितलियाँ नाच उठीं
सूरज की चढ़ती किरनों में
ख्वाहिशों के फूलों पर
तितलियाँ सज गयीं
मैं अपनी ख़्वाहिशों[1] को उन सरगोशियों
के साथ करता हूँ
जो कल और आज के फूलों से और काँटों से
हम आहंग हैं
ख़ूनआलूदा ज़ख़्मों के मुँह बन्द करता हूँ
और नग़मों को बिखेरता हूँ
जब भी पलक पर क़ौसेक़ज़ा[2] सजा दी
तुमने मुझे मीठे लम्हों के सुनहरी फूल दिये
जो ख़ालिस सोने और सूरज से बने हुए थे
और ज़िन्दगी के लिबादे महरूमी के ताने-बाने
से बुने हुए थे
लेकिन आज उम्मीद ने उनको रफ़ू कर दिया

तुमने नारंगी शाम से मेरा परिचय करवाया
मैंने देखा
उसकी पेशानी पर रात की गहरी लकीरें थीं
ज़िन्दगी के नाक़ाबिले बरदाश्त दुःख के मज़े चखे
बड़े सौंधे थे
एक साँस में उम्मीद थी दूसरी में दुःख था
बिलकुल उसी तरह
जैसे दिन के बाद रात आती है
बेशक
दिल की वादी में जहाँ दुःख बसते हैं
वही तो जगह है
जहाँ सुख़न की आँखें खुलती हैं

---

1 इच्छाओं 2 इन्द्रधनुष

आँसुओं के महीन नक़ाब
आहोबुका[1] के आबशार[2]
सब मिल कर एक संगीन हाथ को बुलाते हैं
हुरूफ़[3] बढ़ते हैं
और उम्मीद फिर से जाग पड़ती है
ज़िन्दगी तुझसे कहती है
कि जब तक अंगूर निचोड़े न जाएँ
शराब नहीं बनती
जब तक गन्ने को शिकन्जे में न कसा जाए
रस नहीं निकलता
गोया जब तक
ज़िन्दगी की कड़वी शराब न चख ले
इनसान बेशऊर रहता है
तुमने मुझसे मुहब्बत का एक जाम माँगा था
जिसमें मेरे तजुर्बात[4] और हवादिस[5] की बर्फ़ पड़ी हो

1 रोना 2 झरने 3 अक्षर 4 अनुभव 5 दुर्घटनाओं

तोहफ़ए शब

तुमने
अपनी बेख़्वाब सियाह[1] ख़लाओं[2] में
दयारे अन्जुम[3] की मुसकानें
और आफ़ाक़ी तसवीरें
सजा ली हैं
मेरी बेकैफ़ तनहाई[4] में
सहराओं, रेगज़ारों[5] की धूल
और आँसुओं के चमकते हीरे भर दिये हैं
सबा, तुम्हारे अतराफ़ मचलती है
उरूसे-नौ[6] की खुशबू
मौसमे जवानी की तरह निखरती है
आग मेरी उन उँगलियों को ख़ाकिस्तर
कर रही है
जो कासाबकफ़[7] हैं
वह कासा
जिसमें सियाह मंज़र का दर्द
और चकनाचूर दिल था
वक़्त का पंछी हवाओं में दायम[8] उड़ रहा है
आदम के पाँव में ज़ंजीर पड़ी है
ग़मे ज़िन्दगी का बोझ
आरज़ू की धनक के पर्दे में

---

1 काली 2 शून्यों 3 सितारों का शहर 4 बेलुत्फ़ अकेलापन 5 पथरीले रास्ते 6 नई दुल्हन 7 भिक्षापात्र थामे 8 लगातार

ख़न्दाज़न[1] है
कौन है
जो इस हमारंगी[2] जाल से बच सकता है
कोई तो बताए कि हम
किस राह पर, क्यूँ और कब चल पड़े हैं
यह राज़ शायद मावराएनज़र[3] है

आधी रात गये सन्नाटों के मैख़ाने से
सबा की मुअत्तर ज़ुल्फ़ लहराने लगी
पूरब की सुनहरी नक़ाबों के पीछे
ऊँघने वाले ताइर
उषा को गर्म लाली में जाग पड़े हैं
उम्मीद का सूरज सामने है
मसर्रत की झील छलक रही है
ठण्डा इत्रबीज़ आबेरवाँ[4] मुन्तज़िर[5] है
चलो चलें
उन किनारों तक
जहाँ
तकमीले ख़्वाहिश[6] के कमल
ज़र्रीशे उगल रहे हैं

---

1 हँस रहा 2 हर रंग में 3 नज़र से हट कर 4 बहता पानी 5 प्रतीक्षारत 6 इच्छा पूर्ति

सौग़ात

(अपनी पत्नी की सालगिरह पर–17 अगस्त' 72)

यह वही दिन है
जो सराबों[1] की आँखों को छू कर
नीले जज़ीरों से होता हुआ
धूप और चाँदनी को पीता हुआ
आया है
मेरे ज़हन की वादियों को
साँस लेते ज़मर्रुदों की मानिन्द
सरसब्ज़[2] रहना है
जहाँ परी चेहरे रक़्स करें
यही तो वह दिन है
उफ़क़ेचश्म[3] पर
महताब से बातें करता
सूरज से सरगोशी[4] करता है
और मुसकुराहट बन कर
तुम्हारी माँ के होंठों पर
मुहब्बत के सागर उँड़लने लगा है
जिसका अक्स[5] सुख़न के औराक़ पर
शाहनामा[6] बन कर चमकेगा

---

1 मृगतृणाओं 2 हरा भरा 3 दृष्टि रूपी क्षितिज 4 कानाफूसी 5 परछाई 6 फ़िरदौसी की महान काव्य-कृति

रक़्से बहार

रुत पलट आयी है
ऐ फूलों के हमराज़
जाग
माहौल के शीरीं लब
तुझसे हमकलाम हैं
ऐ इश्क़ के दरिया
ओ प्रेम-नयन
बोलते परबतों, जागती वादियों में
मोर-पंख जैसे पहाड़ों में
नवरंग बहारों का रक़्स रचा है
तबस्सुम के रेशम से दिल के ज़ख़्म रफ़ू होते हैं
टूटे सपनों के हार पिरोये जा रहे हैं
बहने वाले अश्कों को पलकों पर ठहरा लो
यह जीवन के सच्चे मोती हैं

चलो चलें
यह एक महका हुआ, बहका हुआ झोंका है
और इस लम्हएअज़ीम[1] ने हमको
मरकज़ेनिगाह[2] बना दिया है
चलो माज़ी के बरगे-चकीदा को भुला दें

यह महास्वप्न और सरगोशियों की रुत का
तबस्सुम हर सिम्त[3] बिखरा हुआ है

1 महान क्षण 2 दृष्टि का केन्द्र बिन्दु 3 दिशा में

ज़िन्दगी खींची हुई कमान की तरह चौकस है
लपकते-दौड़ते आबशार[1]
कोहसारों[2] की गोद में छलकते हैं
यही दिल के जज़्बात-ओ-अहसासात[3]
और यही अपनी मुहब्बत की निशानियाँ हैं

चलो चलें
उस जीवन-मेले की ओर
फिर झूलें उम्मीदों के झूले में
उषा के गुलाबों में
मग़रिब की सुर्ख़ियों में
बुलबुल के मचलते हुए नग़मों में
यह आलम
एक रंगीन नशेमन है
दो तन्हा-तन्हा वजूदों के लिए

यह चाँद
सितारों के आईनों के झुरमुट में है
फिर भी तन्हा-ब-तक़दीर[4]
अकेला मुसाफ़िर
रेगिस्ताने अफ़लाक पर
मंज़िल का मुत्लाशी[5]
अगर तुम वहाँ न होते
दरख़्तों की शाखों में सबा का गुज़र न होता
परिन्दों के सीनों में कोई गीत न होता
वादियों में फूलों के आँचल न होते
बाग़ में ख़ुशबू की आहट न होती
और सारी राहें बुझ जातीं
अगर तुम्हारी उँगलियों का सहारा मिल जाए

---

1 झरने 2 पर्वत मालाओं 3 भावनायें एवं अनुभूतियाँ 4 स्थितियों पर निर्भर 5 खोजी

तो ज़ख़्म तक मुसकुरा पड़ेंगे
मन की कोयल गाएगी
रुत निखर जाएगी

आबेरवाँ[1] में
हम फूलों की दो कश्तियाँ हैं
शाख़ों पर दो चकोर हैं
मँडवे चढ़ती दो बेले हैं
जीवन एक परबत है
बहार क़ल्ब-ओ-दमाग़[2] में जलवागर है
चलो
यह लम्हए शीरीं[3] एक नियामत है
दूसरा लम्हा शायद कड़वा कसाला हो
यह दुनिया पैबन्दों का मलबूस[4] है
जीवन आख़िर जीवन है
और तुम
अपने 'शेष' के लिए
सब कुछ हो, सब कुछ हो

1 बहता पानी 2 दिलो-दिमाग़ 3 मधुर क्षण 4 लिबास

तूफ़ान

कितने चीख़ते तूफ़ानों
कितने ख़ामोश साहिलों[1]
कितने दहकते सूरजों को छू कर
सहर इनसानियत के दिल से तुलू[2] हो रही है
दूर, जंगलों से महकती साँसें
सबा के दोश पर आयी हैं
वो हुस्न, वो चाल, वो क़दो-ख़ाल
वो अदा, वो बाँकपन
जिनसे हम आशना[3] नहीं
सहर की मद-भरी आँखों का पयाम
नयी आवाज़ में पुकारता है
एक मौज़े ख्वाब[4]
शबाब आश्ना थी
अहदे नौ[5] के किनारों पर घिसती है जबीन
इनसान
इस ख़ूनेसहर में नहा कर और निखर जाता है
और ज़हनों की तक़सीम[6] करने वाले आहनी[7] पर्दों को
चीरता है
वो हज़ारों कुचली हुई आहों के ख़मीर से
तलवार बनाता है
और अपनी म्यान को कुन्दन की मानिन्द चमकाता है
इनसानियत का सूरज

---

1 किनारों 2 उदित 3 परिचित 4 स्वप्नलहर 5 नया ज़माना 6 विभाजन 7 लौहे के

ज़हन के ऐवानों में मोहल्लक़[1] है
गोया शोलों का ख़ोशा

बर्ग़ें खुश्क[2] की मानिन्द
बोलियाँ उड़ रही हैं
मुल्कों की सरहदें थर्रा रही हैं
तूफ़ानों हवाओं में इनसानियत की आँखें
नये हादिसों की मय पीने को खुली हुई हैं

---

1 महलों में लटकता हुआ 2 सूखी पत्ती

इन्सान

दुःख का सूरज ढलता है
और दूसरा उभरता है
बेचैनी के शोलों को भड़काता है
सहर चेहरे बदल-बदल कर लौटती है
ज़िन्दगी के शजर जो कल तक शबनम बरसाते थे
आज उनके फूल शोले और तलवार बन गये हैं
कोहसारों में
नदियों के भँवर की आवाज़ें भी मुंजमिद हो गयी हैं
ज़िन्दा और मुर्दा मछलियाँ
बेहिस ख़्वाबों की मौजों में बहती रहती हैं
रात जो कल तक चीख़ रही थी
कोहरे के बने हुए महीन पर्दों के पीछे
और यासमीन की साँसों पर
लेकिन आज
चाँदनी की शुआःओं पर सवार होकर
भूख के वसी खेतों पर से गुज़रती है
ग़ैब का हाथ
जिसने फ़ितरत[1] के चेहरे पर बहारों के नुक़ूश बनाये
अब तलवारों के गीत दहाने जख्म[2] में भर रहा है
मैख़ानए गेती[3] में हूराने ज़ुल्मत[4]
और मुक़द्दर की परियों के संग
बैठता हूँ

---

1 प्रकृति 2 ज़ख़्मों के मुँह 3 संसार रूपी मधुशाला 4 अँधकार रूपी अप्सराओं

तन्हाइयों की ख़ामोश नदियों में बहता रहता हूँ
याद के दरीचों में जब झाँकता हूँ
बीते ज़ख़्मी दिन शहंशाह की मानिन्द सजे-सजाये
जिन्हें लहू-लहान ताजपोशी अता होती है
क्यों हर दर्द मेरे सीने में पनाह तलाश करता है
रहगुज़ारे हयात पर
ग़मो मसर्रत में कोई फ़र्क़ नहीं
जिसने मौत से समझौता कर लिया हो
वह किसी इफ़रीत[1] से क्यों डरे ?
उसके लिए यह सब कुछ एक खेल है
ज्यों-ज्यों ज़िन्दगी के नुकूशेपा[2] पर चलता हूँ
मैं ख़ुद को वक़्त की मज़बूत गिरिफ़्त में पाबाज़ंजीर[3] पाता हूँ
तबाही आँखों देखी तारीख़ के औराक़[4] में दर आती है
जहाँ इनसान, इनसानियत का ख़ून करता है
ज़हर रगों में दौड़ रहा है
मैं यह बोझ शानों पर सहार कर
जब चट्टान पर चढ़ता हूँ
तो यह वज़न क़दमों की रुकावट बन जाता है
और मंज़िल पर पहुँच कर आसमान की तरफ़ देखता हूँ
उस-सितारए-सुबह की जानिब
जो अभी तक नहीं उभरा है

1 दैत्य, दानव 2 चरण-चिह्नों 3 ज़ंजीरों में बँधा 4 इतिहास के पृष्ठों

नस्लें

आज का अहद
नयी नस्ल की
अजनबी ख़्वाहिशात को जगाता है
अहसास
तजुर्बात-ओ-हवादिस की नयी आग़ोश में
जाग पड़ता है
हर सिम्त अनजानी आवाज़ें
हर जगह जश्न के अहतिमाम
तजुर्बात के ज़ानों पर
कई आरज़ुएँ मेहवेख़्वाब[1] हैं
नयी नस्लें तख़लीक़[2] की अबदी मौजें[3] हैं
जो ज़िन्दगी की वादियों से गुज़रती हैं
अपनी बेनाम मंज़िल की जानिब
आज चाँदनी की किरन
जम्हाई और अँगड़ाई ले कर
जंगल की तन्हाई में अपने तन-मन को
पेड़ों से मलती है
रात मेहताबी किरनों के मरकब पर सवार
दूर निकल जाती है

सहर का कमल खिल उठता है
टूटी-फूटी झोपड़ियों पर

---

1 सोती हुई इच्छाएँ 2 नयी पीढ़ी 3 शाश्वत लहरें

खेतों पर, बस्तियों पर
जब तूफ़ानी हवाएँ
टूटती हैं
और बादलों के जिगर को चीरती हैं
बारूद की मरी हुई ख़ाक
चीख़ का शोला बन जाती है
धरती के अफ़सुर्दा[1] मैदानों में
जहाँ ज़ख़्मी इनसानी आज़ा
परोबाल की तरह बिखरे पड़े हैं
जैसे ज़िन्दा दरख़्त[2] को बेज़बान डालियाँ और पत्ते
नयी नस्ल के लिए
हमने क्या सरमाया[3] छोड़ा है
बजुज़ ग़म-ओ ख़ून-ओ-जंग
बजुज़ ग़म-ओ-ज़ख़्म-ओ उसरत
बजुज़ ख़्वाब-दर-ख्वाब-दर ख्वाब
रियाकारी-ओ-बुज़दिली[4]

नयी नस्ल
जो अहदे कोहन[5] का सहारा होती है
माज़ी के ख़ुश्क होंठों तक
सूरज के दरियाओं को खींच लाएगी

---

1 ग़मगीन 2 वृक्ष 3 दौलत 4 दोहरी चालें और कायरपन 5 पुराना ज़माना

नींद की वादियों में

ज़हन के दरीचों[1] को बन्द करके
चाँद को बुझा कर
सितारों-भरे पर्दे छोड़ कर
मैं लेट गया हूँ
कुछ देर तो सो लूँ
जैसे कहानियाँ अपने दिल का बोझ हल्का करके
सो जाती हैं
समन्दर की तूफ़ानी मौजों ने
पंखे का काम किया है
आबे-सियाह की चादर के उस किनारे
जो झुटपुटे की ख़ूनी शराब पी रही थी
वहाँ यादें अपने ज़ख़्मों को चाट रही थीं
ऐ साग़रे ग़म इधर देख !
मैं तुझ पर जान छिड़कता हूँ
मैं ग़मों से भरपूर रातों पर जान देता हूँ
जो जिहादे ज़िन्दगी में शिकिस्त-ख़ुर्दा हों
मैं तेरे आबेसियाह[2] के साये में
पनाह लेने के लिए आया हूँ
इस पानी में निस्फ़-शब[3] का अक्स
और हज़ारों सितारों का ख़ून शामिल है

---

1 वातायनों 2 काले पानी 3 आधी रात

मेरी तनहाई के आईने ख़ाने में
कितने अक्स तुमने छोड़े हैं
कितनी रोशनियों के रक़्स[1] तुमने फेंके हैं
मेरी उम्मीदों की उम्र को
चाँदी की ज़िया बख़्शी
मीठे लम्हों को तन्हाई की नियामत अता की
और ग़मो-मसर्रत के गुलदस्ते
मेरे दिल को सरफ़राज़ किये
और यह सब कुछ मेरे एक दिल के लिए था
सिर्फ़ एक दिल के लिए

तुमने उफ़क़[2] पर नीलमों के फूल खिलाये
उम्मीद के याक़ूत खोद कर निकाले
ग़मो तसकीन के सब्ज़ मरहम
आसमानों से निचोड़े
जो कई धनकों[3] के दामन में लरज़ाँ[4] हैं
वो आज के दिन पर मुसकुराते हैं
लेकिन तुम मुझसे आज
सच-सच कहो,
किसकी आँखों से हज़ारों रोशनियाँ फूट रही हैं
बताओ, तुम कौन हो ?

---

1 नृत्य 2 क्षितिज 3 इन्द्र धनुषों 4 काँप रहे

परछाइयाँ

(नीलगिरी में लिखी गयी।)

ये ख़यालात[1] क्यों दस्तक देते हैं
हाँ, ये हसीन ख़यालात मेरे ग़रीब घर के सन्नाटों में
क्यों दर आते हैं
मैं इन महवशों[2] की, इन मेहमानों की
क्या ख़ातिर कर सकता हूँ
ये अपनी चाँदनी की मेहताबी दुनियाओं[3] को छोड़ कर
इस घर में आये हैं
मेरा घर दरीचों की आँखों से महरूम[4] है
ये चेहरे हैं
या आफ़ताब की गुलाबी किरनों के हुजूम
उतर रहे हैं
इस ख़ानएवीरान[5] में
जहाँ हादिसात टूटी हुई कुर्सियों की मानिन्द
बिखरे पड़े हैं
वो आते हैं सरगोशियाँ करते हुए
तूफ़ानों की सूरत
आवारा हवाओं की तरह
दूर वादियों और कोहसारों के दामनों में
ख़िज़ाँदीदा[6] और बर्ग़ेचकीदा[7] को रौंदते हुए

---

1 विचार 2 चाँद के समान सुंदर लोगों 3 चाँद की रौशन दुनियाओं 4 वंचित 5 वीरानघर 6 पतझर का मारा हुआ 7 झरे हुए पन्ने

इस ख़ाली मकान में क्यों आते हैं ?
जहाँ ख़्वाब कोहना-ओ-बोसीदा[1] तसवीरों की मानिन्द
दीवारों पर टँगे हैं
क्यों आ रहे हैं ये

परन्दों और भँवरों की तरह
कमल के फूलों को चूमते हुए
नन्हीं हरियाली के सरों पर झूमते हुए
क्यों इस खंडहर में आते हैं
जिसकी छत को तेज़ हवाओं के ग़ुस्से ने
पहले ही से उड़ा दिया है
मैं इनको क्या दे सकता हूँ
बजुज़ सदाए-दिल
एक लख़्ते जिगर[2]
जो पलकों पर लरज़ रहा हो
यह तनहाई एक नशेमन[3] है
धूप, बारिश और हवाओं का घर है
क्यों आते हो ?
तुमने क्यों मेरा इन्तख़ाब किया है ?
मैं तो खानए-वीरान में ख़ाना-बदोश[4] हूँ
चले जाओ, उड़ जाओ सफ़ेद बादल बन कर
नीचे आसमानों में थिरकते रहो
जाओ, जा कर बादबान बन जाओ
और सफ़ीनों के संग
बहरे आफ़ाक़[5] के सीनों पर बहते रहो
जाओ, धुँद, हवा बन कर अनजाने साहिलों की तरफ़
जाओ, चले जाओ, सहर[6] बन कर
कल के गुलाबों में

●●●

1 पुराना कमज़ोर 2 जिगर का टुकड़ा 3 घौसला 4 यायावर 5 संसार के समुद्रों 6 सुबह